UNE FAMILLE AGENAISE

LES LAMOUROUX

PAR

PHILIPPE LAUZUN

DE LA SOCIÉTÉ DES SCIENCES, LETTRES ET ARTS D'AGEN

AGEN

IMPRIMERIE VEUVE LAMY

1893

LES LAMOUROUX

UNE FAMILLE AGENAISE

LES LAMOUROUX

PAR

PHILIPPE LAUZUN

DE LA SOCIÉTÉ DES SCIENCES, LETTRES ET ARTS D'AGEN

AGEN

IMPRIMERIE VEUVE LAMY

1893

LES LAMOUROUX

La famille dont nous venons nous occuper aujourd'hui est une ancienne famille de la bourgeoisie agenaise. Elle n'a d'autres titres de noblesse que sa parfaite honorabilité, ses mœurs simples, et par dessus tout son ardent amour du travail.

Le travail fut en effet la grande loi qui, en toutes circonstances, aussi bien dans la prospérité que dans l'infortune, gouverna les actions des Lamouroux. Il fut le principal mobile auquel ils se montrèrent fiers de toujours obéir, et qui leur valut l'estime et le respect de leurs concitoyens.

Trois d'entre eux, dont nous aurons à parler plus spécialement, rendirent à leur pays, tant dans l'exercice des fonctions municipales aux heures les plus troublées de son histoire que dans le domaine des sciences, des lettres et des arts, plus d'un service signalé. Ils furent administrateurs intègres, musiciens distingués, compositeurs habiles, botanistes, médecins, philosophes, poètes. Tous trois ils eurent l'honneur de faire partie de la Société Académique d'Agen, dont l'un d'eux fut même un des fondateurs. Ils contribuèrent puissamment à son développement et ils l'illustrèrent par leurs travaux scientifiques, non moins que par la grande situation à laquelle les fit parvenir leur supériorité intellectuelle.

A ces titres seuls, leur mémoire méritait d'être ici conservée. Et cependant, ce travail, qui ne s'adresse du reste qu'à un petit nombre de lecteurs, soucieux du passé, n'eût jamais vu le jour, et nous n'eussions certes jamais songé à tirer cette famille de l'oubli dans lequel le temps, ainsi que tant d'autres tout aussi honorables, l'avait forcément plongée, si un événement heureux, presque fortuit, n'était venu jeter sur elle un rayon de vive lumière, et nous faire un impérieux devoir de le signaler.

Nous voulons parler de la donation, qu'a faite récemment à la bibliothèque départementale de Lot-et-Garonne Mademoiselle Camille Lamouroux, de tous les papiers, manuscrits, imprimés, correspondance, notes diverses, pièces de vers, comédies entièrement inédites, études scientifiques, collections de plantes, herbiers, etc., etc., provenant des divers membres de sa famille, qu'elle détenait par voie d'héritage, et dont elle s'est séparée pour les offrir spontanément et généreusement au pays qui avait vu naître ses ancêtres, mais d'où les hasards de l'existence les avaient presque toujours tenus éloignés.

Mieux que tout autres, les dépôts d'archives départementales et les bibliothèques qui y sont annexées offrent un asile sûr à des collections générales dans le genre de celle-ci. Alors que le sort des bibliothèques communales et des différents musées de province dépend, uniquement quelquefois, du caprice d'un maire ou d'un conseil municipal plus ou moins lettrés, les archives départementales au contraire, soumises au contrôle du département et de l'Etat, confiées en outre à des hommes de science, archéologues et paléographes, tous ou à peu près sortis de l'école des Chartes, présentent à ce point de vue de sérieuses garanties. D'un abord plus calme et moins bruyant que les autres centres d'étude, elles sont par là même plus recherchées des travailleurs. Ils y trouvent en même temps, comme dans celles du Lot-et-Garonne, d'importantes bibliothèques d'archéologie et d'histoire locale, que leurs zélés et intelligents directeurs ont mis tous leurs soins à créer. Aussi voient-elles leurs succès s'accroître et augmenter chaque jour leurs précieuses collections.

Comme conséquence, il est devenu de plus en plus de mode de remettre à ces nouveaux sanctuaires les vieux papiers que les actes de partage de nos jours ne sauraient plus, comme autrefois, attribuer à l'aîné de la famille, et que se dispute souvent aveuglément chaque enfant. Emiettés ainsi entre différentes branches, négligés et bientôt perdus par l'indifférence ou l'ignorance des uns, vendus d'autres fois par la cupidité ou le parti pris des autres, qui pourrait nous dire quel sort, depuis un siècle, ont eu tous ces antiques parchemins, dont quelques-uns seraient si utiles à l'histoire de nos provinces ; ce que sont devenus ces précieuses archives des vieux manoirs aujourd'hui délabrés, ces actes publics des anciennes communautés ? C'est à pleins tombereaux, on le sait, que dans la première moitié de ce siècle se sont vendus, souvent par ordre supérieur, ou même plus sommairement ont été brûlés la plupart des papiers d'archives ; et, à cette règle barbare le département de Lot-et-Garonne n'a malheureusement pas fait exception.

Aujourd'hui ce vandalisme a été enrayé. Toutes les pièces, qui ont échappé au naufrage, sont minutieusement étiquetées et inventoriées ; et, à côté des vieux actes d'hommage ou d'insinuation, viennent prendre place, chaque jour plus nombreux, les titres de famille et de propriété, généreusement octroyés par les descendants des plus grands noms. Est-il nécessaire de rappeler ici, entre autres, le beau cadeau fait, il y a peu d'années, au Lot-et-Garonne par Mᵐᵉ la comtesse Marie de Raymond, de toutes ses précieuses généalogies inédites, de ses manuscrits, et de la presque totalité de sa bibliothèque historique ; et, plus récemment encore, le don fait au même dépôt d'archives départementales de tous

les vieux papiers des châteaux de Cauzac et de Xaintrailles
par M. le marquis d'Aymar de Chateaurenard ?

C'est inspirée par les mêmes sentiments, et à seule fin
qu'ils ne soient ni émiettés ni dispersés après elle, que Mademoiselle C. Lamouroux vient de se dessaisir en faveur de
notre département de tous les papiers de sa famille.

Néanmoins, pour aussi intéressante que soit à un public
privilégié la fréquentation des Archives, pour aussi large
que s'offre aux érudits leur hospitalité, il n'est pas inutile,
croyons-nous, en ce siècle oublieux, de rappeler, même aux
plus assidus, de telles libéralités et de les consigner en
quelque sorte officiellement. C'est faire œuvre méritoire et
leur rendre service en même temps que de leur donner,
comme nous allons nous y appliquer dans cette étude, le
catalogue complet de tous les travaux des Lamouroux, et
celui de leurs ouvrages qui viennent d'enrichir notre bibliothèque départementale.

Nombre de ces travaux ont trait, on va le voir, à l'histoire
naturelle. Cette branche si attrayante de la science a été de
tout temps, on le sait, l'objet de prédilection de la famille
Lamouroux. On n'ignore pas en effet quelles découvertes
sont dues dans cette sphère à un de ses plus illustres enfants,
Jean-Vincent-Félix, et quelle haute position, grâce à elle,
il atteignit. D'autres sont relatifs à l'histoire, à la musique,
à la médecine, à la philosophie, à la poésie, à la religion.
Quelques-uns sont connus de nos lecteurs. La plupart, et
non les moins intéressants, sont restés inédits. Il en est,
mais en fort petit nombre, que possédait déjà la bibliothèque
départementale. La grande majorité vient de lui en être octroyée par la générosité de la bienfaitrice. Très peu manquent à l'appel, dont les exemplaires introuvables ont vu
depuis longtemps leur édition épuisée.

Nous allons les énumérer tous soigneusement, mais non
sans avoir au préalable esquissé la physionomie de chacun
de leurs auteurs, retracé aussi fidèlement que possible leurs

traits, raconté les phases principales de leur vie si mouvementée.

Le dirons-nous en terminant, il nous est particulièrement
doux, à nous un des descendants de cette famille, d'avoir à
remplir aujourd'hui la mission qui nous est confiée. De ce
devoir filial nous tâcherons de nous acquitter avec la plus
scrupuleuse exactitude, comme aussi avec la plus équitable
impartialité. Puissent les ombres, si chères à notre cœur, que
nous allons évoquer, nous révéler tous les secrets de leur
existence! Puissent-elles faire passer dans notre âme, comme
dans celle de nos lecteurs, un peu de ce feu sacré dont elles
brûlaient pour la Science, c'est-à-dire pour la découverte de
l'Inconnu!

I.

GEORGES LAMOUROUX

(1709-1788)

———

Si les généalogies, les nobiliaires tant généraux que particuliers à chaque province, nous ont donné à profusion la
liste des grands hommes, dont les hauts faits ont illustré la
France et jeté sur elle un éclat incomparable, si pas une de
leurs actions n'a échappé aux minutieuses investigations de
leurs historiens, le plus grand silence au contraire règne sur
ceux qui, dans une sphère plus humble mais non moins méri-
tante, ont rendu cependant de tout aussi importants services.
Quel armorial du Commerce ou de l'Industrie, sous l'ancien
régime, est jamais venu nous dire les noms de ces hardis
explorateurs, dont le courage et l'audace ont eu pour effet
d'arborer aux quatre coins du monde le pavillon de la France;
ou de ceux, plus modestes, dont les labeurs opiniâtres ont
amené tant de belles découvertes dans le domaine des arts
industriels, des sciences pratiques, des plus vulgaires mé-
tiers ! A eux seuls cependant la mère-patrie doit sa fortune
prodigieuse, qui l'a placée aussi haut que n'importe quelle
nation moderne. Et néanmoins, c'est à peine si quelques mémoires oubliés relatent çà et là leurs nobles entreprises, et
si de nos jours mêmes on commence à s'occuper de ces

Phot. Ph. LAUZUN   Imp. Phot. ARON Frères. Paris

GEORGES LAMOUROUX

hommes d'élite, à les faire connaître, à mettre en relief leurs
efforts, le plus souvent couronnés de succés !

Elle est intéressante pourtant à étudier cette catégorie de
citoyens français, perdus dans l'ombre des cités de province,
qui, par leurs vertus domestiques, leur constance, leur téna-
cité, se sont peu à peu élevés au niveau des gentilshommes,
et, au moment où le vieil ordre de choses craquait de toutes
parts, se sont trouvés maîtres, et à juste titre, des destinées
de leur pays. Toujours respectueuses des lois fondamentales
de la religion et des grands principes de la morale; protestant
énergiquement, dans l'ordre politique, contre toute mesure
révolutionnaire, mais réclamant néanmoins avec instance une
liberté et une égalité sagement réparties ; dans l'ordre privé,
économes, modestes dans leurs gouts, adonnées le jour aux
affaires, le soir aux plaisirs honnêtes, aux lettres et aux arts
qui ornent le cœur et l'esprit ; pour tout voyage, se retirant
l'été dans quelque paisible retraite, pas trop éloignée du centre de leurs occupations journalières, et là, se reposant du
travail quotidien dans l'étude de la nature et les charmes de
la solitude ; telles nous apparaissent, à la fin du XVIIIe siècle,
ces familles si nombreuses de la bourgeoisie française, dont
la devise uniforme porte pour tout exergue : labeur et hon-
neteté. Telle se montre à nous, dans la pénombre des temps
passés, et à la tête du commerce agenais, la famille Lamouroux.

— Issu de parents, autrefois cultivateurs, mais qui depuis
longtemps déjà s'adonnaient dans notre ville au commerce
des toiles et des draps, *Jean Lamouroux*, fils d'*Antoine Lamouroux* et de Marie Pradel, est le premier que nous trou-
vons établi à Agen, à la fin du XVIIe siècle. Bien que portant
le même nom, il n'avait et ses descendants n'eurent jamais
avec la famille noble Lamouroux de Pléneselves, également
d'Agen, aucun lien de parenté. Jean Lamouroux épousa, en
1704, demoiselle *Blaise Delbès*. Il en eut un fils *Georges*, qui

fut baptisé le 10 mars 1709, et une fille, qui plus tard épousa
le sieur *Dussol*[1]. Dès qu'il eut atteint sa majorité, Georges
Lamouroux fut associé aux entreprises de son père, et nous
le voyons déjà, en l'année 1735, à la tête d'une des premières
maisons de commerce de la ville d'Agen.

Notre ville fut, on le sait, de tout temps un centre
commercial d'une réelle importance. Elle dut son aisance et
sa prospérité à la grande facilité des transactions. Avec les
quelques familles de robe, dont la noblesse ne remontait
guère au delà du XVIe siècle, les grands négociants agenais
se partageaient aussi bien la direction des affaires municipales que la fortune et la suprématie en toutes choses. Déjà
à l'époque où Belleforest écrivait, au temps des derniers Va-
lois, ses Histoires Tragiques, les financiers tenaient dans Agen
le principal rôle. Ce fut bien plus encore, lorsque la Royauté,
sur les instances réitérées des Intendants de Guienne, chercha par tous les moyens possibles à développer le commerce,
et ne dédaigna pas d'accorder à ses principaux représentants
les encouragements les plus flatteurs. C'est que le commerce
était alors la première source de revenus de cette riche
province, et qu'il était du plus haut intérêt pour le gouvernement de favoriser ce mouvement, dont Bordeaux était le centre, et qui rayonnait jusque dans les moindres coins de la
région.

La perte des Iles et les conséquences de la fatale guerre
de Sept ans ralentirent, il est vrai, pour un instant, cette
marche toujours croissante. Mais, grâce à la protection des
Intendants, elle reprit de plus belle au commencement du
règne de Louis XVI, qui institua, par son ordonnance du
28 décembre 1777, « un prix public en faveur des récents

---

[1] Archives de famille, actuellement entre les mains des héritiers
de M. Léopold Lamouroux, ancien chef de bataillon, mort tout
récemment au Hâvre, au cours de cette publication,

établissements de commerce et des personnes, qui, en frayant
de nouvelles routes à l'industrie nationale, auraient servi et
honoré l'Etat[1]. »

Bien plus, il avait été décidé déjà en haut lieu, les croix de
Saint-Michel et de Saint-Louis étant spécialement réservées
aux faits d'armes militaires, qu'on octroierait aux grands
commerçants français des lettres d'anoblissement. D'abord
fort rare sous le règne de Louis XIV et la régence, cette
distinction honorifique devint plus fréquente sous le règne
de Louis XV, qui, moyennant finances naturellement, ce
dont il avait tant besoin, délivra maintes fois des lettres de
noblesse « pour faits de négoce. »

La ville d'Agen ne fut pas oubliée; et les lettres, octroyées
en avril 1777 en faveur du sieur *Guillaume Roux*, négociant
de cette ville, justifient pleinement l'encouragement royal
dont nous venons de parler.

Nous en reproduisons, pour preuve, les principaux consi-
dérants :

« Louis...... Depuis que le commerce a étendu ses opérations
et que, pour le faire avec plus de succès, il a fallu de grands
moiens et de grands talents, les souverains se sont fait un devoir d'encourager par des récompenses une profession qui ajou-
toit à la gloire et à la prospérité de l'Etat. Le feu Roi, notre très
honoré seigneur et ayeul, voulut encore que cette profession,
exercée avec éclat, devint un degré qui conduisit à la noblesse,
et que le citoien, qui enrichissoit la patrie par ses travaux, parta-
geât la distinction accordée au guerrier qui l'avoit deffendue.

---

[1] Dans une remarquable notice : *Les Grands négociants Bordelais
au* xviiie *siècle*, (Bordeaux, veuve Moquet, 1888), M. A. Communay
a fait ressortir, avec d'intéressants documents inédits à l'appui, ce
mouvement ascensionnel du commerce Bordelais à cette époque,
ainsi que les encouragements que lui donna le gouvernement
d'alors.

Nous nous sommes faits une loi de suivre des maximes aussi sages, et, dans le choix des sujets auxquels nous destinons cette
faveur, nous croions devoir préférer ceux que leurs alliances,
leurs sentimens, leur conduite et surtout des services importans
et désintéressés, rendus à leurs concitoiens, approchent déjà de
l'ordre de la noblesse. Notre ami et féal Barthélemy Roux, négo-
tiant de la ville d'Agen, nous a paru réunir tout ce qui pouvoit
justifier cette préférence, etc. [1]. »

Barthélemy Roux s'était montré toute sa vie fort charita-
ble envers les pauvres. En 1773, il préserva, par des com-
binaisons intelligentes, la ville d'Agen de la famine ; quelques
années auparavant, il avait pris, avec ses oncles les frères
Chemin, alors à la tête d'une importante fabrique de serges
et d'étamines de laine, les mesures les plus philanthropiques
pour venir en aide aux malheureux ; enfin, il avait épousé
une noble Bavaroise. Pour toutes ces raisons, il fut anobli.

C'était donner l'éveil, on le reconnaît, aux autres grands
commerçants de la région et stimuler leur zèle en même
temps que leur amour-propre. Aussi les demandes affluèrent
à la Cour, qui bientôt se vit débordée. Il fallut faire un choix,
aux risques de mécontenter même les plus méritants, et
finalement prendre une mesure diamétralement opposée à la
première, c'est-à-dire ne plus accorder aucune lettre de noblesse.

Trois grandes maisons d'Agen émirent des prétentions
analogues à celles de Roux. Toutes trois, malgré les services rendus, furent évincées.

---

[1] Archives départementales de la Gironde. B. 96, fol. 76. —
Notre compatriote M. J. Andrieu a déjà publié, dans une curieuse plaquette : *Les Oubliés : Deux Agenais du* xviiie *siècle* (Agen,
Michel, 1885), les lettres de noblesse accordées au sieur Roux,
que M. Communay reproduit, avec bien d'autres à l'appui, à la
page 65 de sa brochure déjà citée.

Ce fut d'abord le sieur *Gounon*, négociant et maire de la ville d'Agen, qui, en 1754, formula le premier une demande à Sa Majesté, tendant à obtenir des lettres d'anoblissement. Il présentait à l'appui un certificat fort élogieux de Mgr Gilbert de Chabannes, évêque et comte d'Agen, qui rendait hommage « à sa droiture et à son zèle pour le service du Roy et le bien public, » et, en même temps, un autre certificat « de Messieurs les lieutenans de Maire et consuls de la ville d'Agen », attestant « que le sieur Gounon gère noblement son négoce, utile à la ville, et très avantageux aux païs circonvoisins, et qu'il excite au travail par ses secours et par l'encouragement qu'il donne aux fabriques, dont il a considérablement augmenté le progrès. » Ce certificat, qui porte la date du 14 septembre 1754, est signé de « Messieurs : Fabry, lieutenant de maire ; Lamarque, consul ; de Molinier, consul ; Durens, consul ; Darribeau, consul ; et, coïncidence curieuse, de *Georges Lamouroux*, consul [1]. »

La seconde maison, qui émit des prétentions à l'anoblissement, mais qui se le vit refuser comme le sieur Gounon, fut celle des frères *Pélissier*, riches marchands de notre ville, dont le subdélégué de l'Intendant à Agen, M. Sarrazin, appuya, en juillet 1788, la demande, faisant valoir son ancienneté dès le xvie siècle dans l'exercice des fonctions

---

[1] Archives départementales de la Gironde. Série C. 509, 3553 et 3610. — On sait, en effet, que le sieur Gounon avait établi à Agen, dans le vaste local qui sert aujourd'hui de Remonte, une très importante filature de toiles à voiles. Par arrêt du Conseil de 1763, cette filature « fut érigée en manufacture royale, afin de cesser de rendre la marine française tributaire des étrangers, qui, venant acheter dans le pays les plus beaux chanvres de France, les revendaient manufacturés, quand ils voulaient, et combien ils voulaient, aux ports français. » Cette manufacture occupa, un moment, trois cents ouvriers, et çà et là, répandues autour de la ville, sept mille fileuses. Elle sombra dès l'année 1785.

municipales, son zèle dans l'affaire des approvisionnements
de 1747, comme lors de la disette de 1773, sa probité, sa
fortune, ses alliances et son dévouement pour le bien public [1].

Enfin la troisième famille, qui, trois ans après l'anoblissement de Guillaume Roux, ne craignit pas de briguer le même
honneur, fut la famille *Lamouroux*. Cet incident rentre trop
dans le cadre de cette étude, pour que nous ne reproduisions
pas ici la plupart des pièces, absolument inédites, qui s'y
rapportent. Un instant enlevé au dépôt public des Archives
départementales de la Gironde, ce dossier vient, depuis
quelques jours fort heureusement, avec bien d'autres, de lui
être restitué [2].

Georges Lamouroux était, à cette époque, assez avancé
en âge. Né, ainsi que nous l'avons dit, en 1709, il atteignait,
en 1780, sa soixante et onzième année. Toute sa vie avait
été consacrée aux soins de ses affaires, aux bonnes œuvres,
à l'administration de sa ville natale. Devenu, grâce à sa pru-

---

[1] Archives départementales de la Gironde. Série C. — Nous
avons déjà fait connaître que des deux frères Pélissier, l'aîné
acheta, en mars 1774, l'ancien couvent des Minimes, situé rue
Porteneuve, le démolit de fond en comble, et sur son emplacement fit construire par l'architecte Leroy, à qui l'on doit la Préfecture actuelle d'Agen et le château d'Aiguillon, et moyennant la
somme de 100,000 livres, le bel hôtel entre cour et jardin, qui
appartient aujourd'hui à Madame la marquise d'Escouloubre.
(Voir notre chapitre sur le Couvent des Minimes : *Les Couvents
d'Agen avant 1789*, tome Ier, p. 371 et suivantes). Imitant l'exemple de son frère, le sieur Pélissier jeune fit peu après, toujours
d'après les plans de Leroy, édifier, rue Floirac, l'élégant hôtel
qui est actuellement habité par la famille Garreau.

[2] Nous en devons la précieuse communication à l'obligeance
bien connue de M. l'archiviste-adjoint Roborel de Climens, à qui
nous offrons ici l'expression très-sincère de notre gratitude.

dence et à ses économies, possesseur d'une très belle fortune, il en faisait le plus honorable usage. Aussi, entouré de l'estime de ses concitoyens, fut-il appelé d'abord aux fonctions municipales de jurat, puis bientôt après, en 1754, à celles de consul. Nous l'avons vu, comme tel, signer le certificat présenté cette année-là au Roi par le sieur Gounon, son compatriote et son ami.

Longtemps, Georges Lamouroux présida également aux destinées de l'hôpital Saint-Jacques d'Agen, où il était investi par ses collègues de la charge fort délicate de trésorier. On sait, en effet, que vers le milieu du xviiie siècle, la situation de cette maison était loin d'être prospère et qu'elle dut, en maintes circonstances, s'adresser, pour pouvoir continuer d'exister, tant au gouvernement qu'aux particuliers [1]. Lamouroux lui vint plusieurs fois en aide, et il lui avança même, le 16 septembre 1774, la somme importante pour le moment de 20,000 livres, qu'il lui abandonna peu après totalement.

En même temps il prenait, en 1773, l'initiative de réunir tous les négociants d'Agen, à l'effet de subvenir aux besoins de la classe nécessiteuse et deshéritée de la ville, et, en cette année de disette où le pain menaçait de manquer, il était l'un des premiers à fournir des fonds en argent afin d'assurer au plus vite l'approvisionnement des greniers publics [2]. De tels sacrifices lui méritèrent l'attention du gouvernement qui le nomma, à cette époque, conseiller du Roy, et plus efficacement receveur des Consignations des Sénéchaussées d'Agenais et de Condomois. Ce sont, du moins, les fonctions qu'il exerçait en 1778, lorsqu'il fut désigné par le

---

[1] Voir notre étude sur les *Hôpitaux d'Agen*. (*Les Couvents d'Agen avant 1789*, t. II, chap. X.)
[2] Archives départementales de la Gironde. Série C. — Voir aussi Archives municipales d'Agen.

chanoine Monfourton, qui légua toute sa fortune à l'hôpital
d'Agen, comme son exécuteur testamentaire [1].

Ni plus ni moins que Guillaume Roux, Georges Lamouroux, par de tels titres, avait bien mérité de sa patrie. Il le
comprit, et, préoccupé surtout de l'avenir de ses enfants, il
chercha à les faire valoir auprès du Roi. Ce fut en invo-
quant les nombreux services rendus par lui toute sa vie à sa
ville natale comme à ses concitoyens, qu'il demanda, à son
tour, à titre de récompense, des lettres d'anoblissement :

« Le sieur Georges Lamouroux, écrivait le 29 mars 1780, de
Versailles, le ministre Bertin, secrétaire d'Etat à l'Intérieur, à
M. Dupré Saint-Maur, intendant de la province de Guienne, demande, Monsieur, par le mémoire cy-joint [2], des lettres d'anoblissement, en considération des services qu'il a rendus. Vous
voudrez bien prendre sur ce qu'il expose les éclaircissemens nécessaires, et me donner en conséquence votre avis. Vous verrés
que le sieur Lamouroux se fonde sur l'arrêt du Conseil du
30 octobre 1767. Vous sçavés qu'il n'a plus d'exécution et que le
Roy se porte aujourd'hui bien difficilement à accorder des lettres
de noblesse.

« Je suis, Monsieur, etc. »

Transmis par l'Intendant à son subdélégué d'Agen, cet
ordre fut aussitôt après exécuté par lui. La réponse de
M. Sarrazin ne fut point favorable aux prétentions de
Georges Lamouroux. Tout en reconnaissant hautement son
honorabilité et les nombreux services rendus à ses concitoyens, il n'estime pas ces raisons suffisantes pour qu'une
telle faveur lui soit octroyée :

« Si la probité, répond-il d'Agen, à la date du 13 avril 1780,

---

[1] Voir notre travail sur les *Hopitaux d'Agen*.

[2] Ce mémoire n'existe plus dans le dossier de l'Intendance de
Guienne. Comme tous ses pareils, il a dû être brûlé à Paris en
1793.

est un titre pour obtenir la grâce qu'il sollicite, elle lui est
due. Mais s'il faut quelque chose de plus, il lui sera bien difficile d'y parvenir ». Et, réfutant la plupart des arguments
invoqués par le requérant, il ajoute fort spirituellement :
« Le sieur Lamouroux fait de nombreuses aumônes, il est
vrai. Il est riche et remplit le mieux possible les devoirs de
l'humanité et de la religion. Sa récompense est entre les
mains du Père de Miséricorde. Les honneurs de ce monde ne
sont pas faits pour payer de pareilles actions. »

Conformément à cet avis, l'Intendant Dupré Saint-Maur,
écrivait, le 22 avril, à M. Bertin :

« J'ai l'honneur de vous renvoyer le mémoire par lequel M.
Georges Lamouroux, négociant de la ville d'Agen, sollicite des
lettres d'anoblissement, en exécution de l'arrêt du Conseil du
30 octobre 1767, par lequel cette faveur a été promise à ceux des
négociants du Royaume qui se seraient le plus distingués dans
leur profession. J'ai vérifié, Monsieur, que l'exposant jouit à juste
titre de la meilleure réputation, qu'il a signalé dans toutes les
occasions son zèle pour l'utilité publique, et qu'il a rempli avec
distinction les charges de sa communauté ; mais nombre de négo-
ciats pourraient invoquer les mêmes services que lui. Je suis
avec respect..., etc.

Et M. Bertin répondait trois jours après à M. l'Intendant
de Guienne, à la date du 25 avril 1780 :

« J'ai reçu, Monsieur, votre réponse du 22 de ce mois au sujet
des lettres d'anoblissement demandées par le sieur Lamouroux,
négociant à Agen. Vous voudrez bien lui faire dire qu'il faut aujourd'hui des motifs si puissants et si considérables pour obtenir
cette grâce, qu'il ne m'est pas possible de la lui procurer ; mais
que d'après sa bonne réputation et les preuves de zèle qu'il a
données, je saisirai bien volontiers toutes les occasions de lui
faire éprouver les effets de la protection du Roy. Je suis, Monsieur... »

En conséquence, Georges Lamouroux recevait, le 10 mai

suivant, de M. Dupré Saint-Maur, intendant de Guienne, la
lettre suivante, assez flatteuse pour pouvoir, malgré le rejet
de ses espérances, être reproduite ici :

« Monsieur, Monsieur Bertin a examiné toutes les pièces que
vous lui avez adressées dans la vue d'obtenir des lettres d'anoblissement. Ce ministre désire que je vous prévienne qu'il faut
aujourd'hui des motifs si puissants et si considérables pour obtenir cette grâce qu'il ne lui est pas possible de vous la procurer.
Mais d'après la réputation dont vous jouissez et les preuves de
zèle que vous avez données, il est disposé à saisir toutes les occasions de vous faire éprouver les effets de la protection du Roi.
Je suis, Monsieur, etc. [1] »

— Georges Lamouroux se maria deux fois. En premières
noces il épousa, le 1er octobre 1737, demoiselle *Foy Marcot*,
dont il eut quatre enfants : 1° *Claude*, qui suit ; 2° *Jean*, mort
en bas âge ; 3° *Jean-Baptiste*, mort également en bas âge ;
4° *Jeanne*, née en 1746, morte, âgée de vingt ans, le 14 février 1766. Sa seconde femme fut demoiselle *Marie Marchant*, qui mourut, âgée de soixante et un ans, le 29 septembre 1767, et dont il eut un fils, *Guillaume*, né en 1756.

Ce *Guillaume Lamouroux*, chef de la branche cadette,
remplit les fonctions de conseiller du Roy, lieutenant principal en l'élection d'Agen. Il épousa demoiselle *Germaine
Dayrie*, dont il eut deux enfants, *Guillaume* et *Jean*, qui
moururent presque aussitôt après leur naissance. Lui-même
mourut, le 3 mai 1801, à l'âge de quarante-cinq ans [2].

Georges Lamouroux mourut, le 20 novembre 1788, après
avoir refait, quelques jours auparavant, le 16 du même mois,

---

[1] Archives départementales de la Gironde. Série C. (Liasses
momentanément déclassées).

[2] Mademoiselle Antoinette Amblard possède une jolie miniature
de Guillaume Lamouroux, qu'elle détient par voie d'héritage.

Phot. Ph. LAUZUN   Imp. Phot. ARON Frères. Paris.

GUILLAUME LAMOUROUX

son testament en faveur de son fils aîné Claude. Cet acte, malgré les plus actives recherches, n'a pu être retrouvé par nous. Mais il nous est resté de lui un testament très antérieur, à la date du 4 octobre 1754, qui nous donne sur l'état de sa famille, à cette époque, d'intéressants renseignements[1]. Nous allons les résumer ici :

Il désire que son corps soit inhumé « avec feu demoiselle Foy Marcot, sa première femme, dans le tombeau qu'il possède en l'église Notre-Dame du Bourg ». Puis il lègue différentes sommes aux Pères Cordeliers et aux Pères Capucins d'Agen, afin qu'il soit dit par eux une certaine quantité de messes pour le repos de son âme. Il ordonne que, l'année de son décès, il soit distribué également soixante livres aux pauvres mendians, et qu'il soit remis au curé de la paroisse Saint-Etienne une somme de deux cens livres, pour être distribuée aux pauvres de ladite paroisse qu'il désignera lui-même. Il donne enfin cent livres à l'institution des bouillons des pauvres malades, et à chacun de ses domestiques, en plus de leur salaire dû, la somme de quarante livres.

Il déclare ensuite que de son premier mariage avec Foy Marcot, il a eu quatre enfants, trois mâles et une fille, qui sont : Claude, Jean, Jean-Baptiste et Jeanne. Le second et le troisième étant morts en bas âge, il ne lui reste que *Claude*, son fils aîné, qu'il institue son héritier général et universel, et sa fille Jeanne, à qui il lègue la somme de 40,000 livres.

Puis, il établit, suivant la mode du temps, de très longues substitutions, et continue la série des legs, entre autres à Pierre Dussol, son beau-frère, à quatre de ses filleuls, enfin à l'hôpital Saint-Jacques, à qui il laisse cinquante livres de rente annuelle et perpétuelle, à condition que les directeurs

---

[1] Notariat de M° J. de Lacombe. Reg. 34, (ancienne étude de M° Bacon).

et administrateurs feront dire chaque année dix messes pour le repos de son âme et celles de ses parents.

Dans le cas où il mourrait avant la majorité de son fils Claude, il le recommande tout particulièrement à M. Joseph Lormand, bourgeois et négociant d'Agen, « son cher voisin et son sincère amy », et il le prie d'accepter sa tutelle, de lui servir de père et de lui faire donner une bonne éducation, proportionnée à ses facultés et à sa condition. Il le charge également de faire faire, dans les huit jours de son décès, l'inventaire des marchandises, tant de sa maison que de celles qui pourraient être en route, ainsi que de tous ses effets, meubles, or, argent, titres, papiers et documents; et de vendre toutes ces marchandises, afin de payer au plus tôt tout ce qui pourrait être dû à ses créanciers et correspondants, de façon à ce qu'il ne subsiste aucune trace de ses dettes; etc.

Ce testament de G. Lamouroux ne renferme pas moins de quinze pages in-folio. L'écriture en est fort belle, très lisible, et digne en tous points d'un parfait négociant. Sur l'enveloppe se trouvent encore dix cachets de cire noire, qui le scellaient. Tous semblables, ils portent : *d'or au chevron d'azur, accompagné de trois pommes de pin feuillées, surmonté d'un casque lambrizé.*

De son premier mariage, Georges Lamouroux ne conserva donc que son fils aîné, Claude. Il lui laissa, en mourant, la plus grande partie de sa fortune, sa maison de commerce, et la réputation, universellement acquise, d'un homme de bien. Nous allons voir comment son héritier sut se montrer digne, à tous égards, d'une telle succession.

Phot, Ph. LAUZUN   Imp. Phot. ARON Frères. Paris.

CLAUDE LAMOUROUX

CLAUDE LAMOUROUX

(1741-1820)

———

Claude Lamouroux naquit à Agen, le 4 octobre 1741, dans la vieille maison qu'habitaient ses parents près le cloître Saint-Etienne, et qui se trouvait une dépendance de l'ancien Evêché. C'était la première de la rue *des Prêtres* ou de *l'Evêché*, qu'il ne faut pas confondre avec une autre rue, perpendiculaire à la rue St-Gillis, et qui portait également le nom de *Rue des Prêtres*, à cause du grand nombre d'ecclésiastiques, presque tous chanoines de la cathédrale Saint-Etienne, qui logeaient dans ce quartier. Cette dernière reçut sous la Révolution le nom de *Rue Civique*; puis elle redevint rue *des Prêtres*, pour porter actuellement le nom de *Rue de la Libre Pensée*. La rue où résidait la famille Lamouroux, plus connue sous le nom de *Rue de l'Evêché*, fut affublée sous la Révolution du nom grotesque de *Rue Ça-Ira*; puis elle reçut le nom de rue du *Marché au Blé*, qu'elle garde encore aujourd'hui.

Placé de bonne heure par son père Georges à la tête de l'importante maison de commerce qu'il dirigeait, Claude Lamouroux se maria, en 1771, à l'âge de trente ans : il fut forcé quelques années après, aussi bien par l'extension de sa propre famille que par celle de ses affaires, d'agrandir le

local assez réduit et fort sombre qu'il occupait avec ses
parents.

La façade de l'antique palais des évêques et comtes d'A-
gen s'écroula, on le sait, avec fracas, le 22 juillet 1773 au
matin. Monseigneur de Bonnac résolut de quitter alors à
tout jamais cet ancien édifice qui menaçait ruine de toutes
parts ; il s'entendit avec les Pères Lazaristes, qui lui cédèrent
au levant de leur établissement un vaste emplacement alors
désert ; et, moyennant un emprunt de cent mille livres, autorisé par le Roi, il fit bâtir ce magnifique palais, qui est
aujourd'hui la Préfecture, et dont l'élégante architecture
a fait, depuis cette époque, l'admiration de tous les connais-
seurs [1]. En même temps le prélat agenais était autorisé par
lettres patentes du Roi, signées de Marly, le 1er juillet 1774,
à vendre en bloc ou en partie l'ancien évêché avec toutes
ses appartenances et dépendances :

> « Notre ami et féal le sieur Jean Louis d'Usson de Bonnac, évê-
> que d'Agen, nous a fait représenter que, malgré les réparations
> considérables qu'il a fait faire à la maison épiscopale de son
> évêché, cette maison, dont les fondements se sont trouvés mau-
> vais, ne peut plus subsister ; que toute la façade du principal
> bâtiment s'écroula le 22 juillet de l'année dernière ; que le sur-
> plus des bâtiments qui composent ladite maison épiscopale est
> dans un état de vétusté qui annonce une ruine entière et procha-
> ne..... A ces causes, approuvons le plan de la nouvelle maison
> sur l'emplacement des terrains du grand séminaire, et déclarons
> de vétusté la maison épiscopale dont partie s'est écroulée,..........
> lui permettant de vendre le terrain de la susdite ancienne mai-
> son.... etc. [2]. »

---

[1] Voir : *Histoire de la Préfecture d'Agen*, par M. Alp. Paillard, ancien préfet sous l'Empire. (Recueil de la Société académique
d'Agen. T 1. 2e série, p. 70 et suiv.) — Voir aussi le manuscrit
de Labrunie, Malebaysse, etc, etc.

[2] Lettres patentes inédites, annexées au procès-verbal d'adjudi-

En conséquence fut mis en vente publique l'ancien Evêché d'Agen, et notamment, pour ne parler que de ce qui nous regarde ici, une fraction de ses dépendances, dans la rue des Prêtres ou de l'Evêché.

C'est cette partie, contigüe à la maison de son père, que résolut d'acheter Claude Lamouroux, et pour laquelle il se porta adjudicataire. Après plusieurs enchères et surenchères, il en devint définitivement acquéreur, le 7 janvier 1778, ainsi que nous l'apprend l'acte d'achat, passé par lui, le 13 janvier suivant, par devant Mᵉ Roulliès, notaire royal. Nous en reproduirons ici les parties les plus intéressantes :

« Par devant le notaire royal de la ville d'Agen, soussigné, en présence des témoins bas nommés, fut présent *Messire Jean François Caulet*, prêtre, licencié en droit, chanoine de l'Eglise Cathédrale, archidiacre de Marmande et prieur de Valprionde, habitant de la présente ville, agissant au nom de Monseigneur l'Evêque d'Agen,.... lequel fait, par ces présentes, vente, cession et transport, avec promesse de garantie en cas de trouble et éviction, en faveur du sieur *Claude Lamouroux*, fils aîné, négociant de cette ville, et aussi des sieurs Bru et Dayrie, ici présens et acceptans, savoir :

« En faveur dudit sieur Lamouroux, des *écuries, jardin, cour de fumier, glacières et apent ou bouge* en dépendans, de l'ancien palais épiscopal de cette ville, le tout contigu et situé sur les rues des Prêtres et des Cailles.... qui confronte : du levant, à ladite rue des Cailles et à maison de Raynal, boulanger : — du midi, à maison d'une chapellenie possédée par M. Barbier de Lasserre, chanoine de la cathédrale, maison dépendante de la prébende possédée par le sieur Vernède, à maison du sieur Garin aîné et à celle de Mᵉ Bory, avocat ; — du couchant, *à maison et dépendances de M. Georges Lamouroux* ; — et du septentrion, à ladite rue des Prêtres, à maison dudit Raynal, de la prébende possédée par le

_____

cation de l'ancien Evêché d'Agen. (Archives privées de M. Ferd. de Sevin-Talives ; anciennes archives des Lamouroux.)

sieur abbé Artigue, à autre maison possédée par M. Rabié, curé
de la Bretonie, et à celle, dépendante de la prébende, possédée par
le sieur Vaqué...

« Et en faveur desdits sieurs Bru et Dayrie, de *l'ancienne chapelle
dépendante dudit ancien palais épiscopal*, située sur la rue St-Anguille
(rue Porteneuve) de cette ville, qui confronte : du levant, à ladite
rue, — du midi, à maison du sieur Durand, à maison de Bouchou
et aux granges appartenant à M. le lieutenant-général et au sieur
Guenin ; — du couchant, à grange de mondit sieur lieutenant-général et à cour du sieur Mazet ; — et du septentrion, à maison
dudit sieur Mazet et à place où sont les mesures publiques....

« Le tout, moyennant la somme de 16,300 livres, ainsi répartie :
ledit sieur C. Lamouroux pour celle de 9,210 livres, et les sieurs
Bru et Dayrie pour celle de 7,090 livres [1]. »

Une fois en possession de sa nouvelle acquisition, Claude
Lamouroux fit démolir de fond en comble ces vieilles masu-
res de l'ancien palais épiscopal, et, sur leur emplacement,
il fit élever cette maison, en pierres de taille, dont la façade
comporte encore, rien qu'au premier étage, neuf belles
fenêtres, avec accoudoir. Le portail d'entrée, convena-
blement sculpté, ainsi que celui du magasin à côté, également
orné, porte encore aujourd'hui le numéro 2 de la rue du
Marché-au-Blé, bien que, depuis la construction toute nouvelle du Grand-Marché, cette maison se trouve vis-à-vis de
sa façade méridionale.

Mais si l'aspect de la maison Lamouroux ne présente à
l'extérieur aucun caractère architectonique ou artistique
digne de remarque, il n'en est pas de même de son intérieur,
aménagé avec le plus grand soin. Le rez-de-chaussée,
presque en entier, fut consacré aux besoins du commerce.
De vastes magasins s'ouvraient sur la rue, qui se prolon-
geaient à l'intérieur sous de larges arcades jusqu'au jardin,

---

[1] Archives de Monsieur F. de Sevin-Talives, autrefois la propriété de M. C. Lamouroux.

dont les beaux arbres longeaient toute la rue des Cailles. Une petite cour restait ouverte sur le milieu de la maison, recevant directement les eaux du ciel et servant à aérer et à ajourer la cuisine, la salle à manger, et les autres pièces qui ne donnaient ni sur la rue ni sur le jardin. Sur le côté gauche de cette cour, en plein air, abrité seulement par une verandah, était adossé un superbe escalier, dont les degrés en bois et sous forme de spirale étaient protégés par une très belle rampe en fer forgé, qui existe encore aujourd'hui, et dont le prix s'était monté, d'après une tradition de famille, à la somme, alors importante, de 6000 livres.

Ce bel escalier conduisait au premier étage où se trouvaient, d'un côté les chambres principales donnant sur la rue, et de l'autre, sur toute la façade méridionale, une magnifique pièce, qui était le salon de compagnie. Claude Lamouroux était, on le verra, un musicien des plus distingués. C'est à cet effet qu'il voulut que fut construit son grand salon, cherchant à ce qu'il réunit toutes les conditions désirables d'acoustique, afin qu'elles fissent valoir le mieux possible ses productions musicales. Il l'ordonna carré, assez bas de plafond, et il le fit chauffer par deux élégantes cheminées opposées l'une à l'autre. Tous les murs furent recouverts de boiseries, dont les élégants panneaux, aux moulures fines et délicates, étaient ornés de sculptures, suivant le goût du temps. Deux surtout se distinguaient, entre tous, au-dessus des cheminées. Sur l'un étaient représentés, dans un faisceau harmonieux, la plupart des instruments de musique, violon, flûte, hautbois, lyre, etc ; sur l'autre, faisant face, les attributs du commerce, un caducée, une balance, des poids, un grand livre, etc. Ce salon, qui existe encore aujourd'hui, tel qu'il se trouvait au moment où Claude Lamouroux y réunissait, avant la Révolution, l'élite de la société artistique et musicale d'Agen, atteste, par son élégance comme par ses heureuses dispositions, le bon goût de son auteur et le luxe dans lequel il vivait.

La plupart des autres pièces sont également boisées. De très jolies sculptures, aux emblèmes plus ou moins fantaisistes, en ornent, comme dans le grand salon, les panneaux, le tout d'après le style élégant et mièvreux de la fin du xviii° siècle.

Sur le jardin, la maison, toujours à deux étages, se prolongeait, en se recourbant, jusqu'à la rue Porteneuve. C'était de ce coté, on l'a vu sur les confrontations précédentes, qu'habitait le père de Claude, Georges Lamouroux. Mais, bien qu'ils dussent faire ménage à part, ce n'était, tant que le père et le fils y demeurèrent, qu'une seule et même maison. Plus tard, lorsque la fortune leur devint adverse et qu'ils durent vendre ce bel immeuble pour aller loger aux Petits-Carmes, dans l'immense manufacture qu'ils y avaient établie, il fut partagé en deux lots. Un mur s'éleva au milieu du jardin. Toute la partie occidentale, c'est-à-dire la maison de Georges, fut vendue. le 10 novembre 1807, à Monsieur Bernard Renaud, grand-père de Madame Sciers, mère de Madame Massias ; alors que la maison de Claude, que nous venons de décrire, fut acquise, le 19 novembre 1807, avec son jardin et ses vastes dépendances sur la rue des Cailles, moyennant la somme de 21,400 francs, par Monsieur Jean-Baptiste Carrieu, pour le compte de son gendre, Monsieur Pierre Phébade de Sevin-Talives, lieutenant-colonel au corps impérial du génie et membre de la Légion d'honneur. Ce dernier s'y installa quelques années après ; et, après y avoir logé toute sa vie, il l'a transmise intacte à ses descendants. La vieille maison des Lamouroux, rue du Marché au Blé, est encore aujourd'hui la propriété de la famille de Sevin-Talives [1].

---

[1] C'est à l'obligeance bien connue de Monsieur Ferdinand de Sevin-Talives, musicien consommé et violonniste des plus distingués, on le sait, que nous devons, par la visite si intéressante pour nous qu'il nous a permis de faire de çet immeuble, qui nous rappelait

Phot. Ph. LAUZON.   Imp. Phot. ARON Frères, Paris

CATHERINE LAMOUROUX

née de Longayrou

— Claude **Lamouroux** fit d'excellentes études au collège
d'Agen, dirigé alors par les Jésuites. Ce furent eux qui lui
inculquèrent de bonne heure ce goût si prononcé qu'il eut
toujours pour les lettres et les beaux-arts. Dans le calme et
le recueillement de l'antique établissement de la rue Grande-
Horloge, sa jeune et brillante intelligence se développa vivement aux leçons substantielles de ses maîtres, et, c'est là
qu'il composa ses premières productions dans le domaine de
la poésie, de l'histoire et de la musique. Mais il dut bientôt
quitter à regret cette hospitalière demeure, pour s'associer
aux affaires commerciales de son père, et, sur les instances
de ce dernier, prendre la direction de la maison.

A trente ans, en 1771, Claude Lamouroux épousa demoiselle *Catherine Longayrou* ou *de Longayrou*, originaire de
Villeneuve-sur-Lot, dont la sœur cadette, Jeanne-Thérèse,
s'unit, cinq ans après, le 3 avril 1776, à Joseph de Las, écuyer,
seigneur de Brimont.

On a dit, de son vivant, que Claude Lamouroux avait des
mœurs vraiment antiques. A en juger par le nombre de ses
enfants, il n'est pas téméraire d'ajouter à cette épithète celle
de patriarcales. Il est en effet de tradition dans la famille
que sa femme eut vingt-quatre grossesses. Toutes n'abouti-
rent pas. Dans les registres de l'état civil de la commune
d'Agen, nous n'avons su relever que dix-sept de ses enfants,
nombre qui déjà paraît fort suffisant. Encore tous n'arrivèrent-
ils pas à bon port, ou furent-ils enlevés par les maladies du
premier âge. Neuf toutefois demeurèrent en vie, cinq filles
et quatre garçons, sur les noms et le compte desquels nous
reviendrons dans la suite. Tous naquirent dans la maison de

---

tant de pieux souvenirs, comme aussi par la communication de
plusieurs de ses papiers de famille, d'avoir pu donner ici tous ces
renseignements. Qu'il nous permette de lui en adresser nos plus
sincères remerciements.

la rue de l'Evêché, que quittait peu leur père, forcé de surveiller de très-près les affaires de son négoce.

C'est vers cette époque, en effet, que Claude Lamouroux transforma ses opérations commerciales, et qu'il créa dans Agen, ce qui à ce moment constituait une nouveauté, une manufacture de toiles peintes ou d'*Indiennes*, qui devint en peu de temps très-florissante et fut une source d'importants revenus. Est-il utile de rappeler ici la vogue dont jouirent, dans le dernier quart du xviii siècle, ces nouveaux produits de l'industrie française, qui furent considérés comme une victoire pacifique, semblable à celle de l'importation toute récente alors de la porcelaine, et dont le baron Oberkampf venait de fonder à Jouy la première manufacture ? Marie-Antoinette, et plus tard l'impératrice Joséphine, se plaisaient, comme nos grand'mères, à se parer de ces étoffes légères et soyeuses, qui faisaient si bien ressortir leur grâce et leur beauté, et dont la mode, comme tant d'autres, se perdit sous la Restauration par l'importation des affreux costumes britanniques. C'est sur le modèle de la manufacture de Jouy que Claude Lamouroux fonda la sienne dans Agen, et qu'il voulut, comme le grand industriel anobli par Louis XVI, se charger lui-même du dessin, de la gravure, de l'impression et de la teinture de ses indiennes [1]. C'est grâce à cette entreprise également, à laquelle participèrent un très grand nom-

---

[1] Nous possédons, précieuses reliques de famille, une assez grande quantité de moules en bois provenant de l'ancienne manufacture de Claude Lamouroux, et, après lui, de celle de notre grand-père M. Pierre Lauzun. Il est impossible de rien imaginer de plus délicat, de plus élégant, de plus gracieux, que les dessins qui y sont représentés, soit par des découpures en bois très-finement sculptées, soit au moyen de petites pointes de fer, innombrables, admirablement agencées.

Phot. Ph. LAUZUN

Imp. Phot. ARON Frères. Paris

MOULES d'INDIENNES

provenant des fabriques de M M. CL. LAMOUROUX et PIERRE LAUZUN

bre d'ouvriers de la ville, qui trouvèrent là un honnête et
sûr moyen d'existence, que le nom de Lamouroux acquit en
peu de temps une rapide et bien légitime popularité, et que
ceux-ci surent s'en souvenir, lorsque plus-tard, sous la Révolution, ils le firent sortir un des premiers des urnes et
l'élevèrent, comme récompense, à la plus haute magistrature
de la cité.

— Mais pour aussi absorbantes que fussent ses occupations,
pour aussi arides qu'aient été ses études industrielles, elles
n'empêchaient point cependant Claude Lamouroux de se livrer à ses goûts favoris, et de temps à autre de s'occuper,
souvent avec succès, toujours avec ardeur, de musique et
de poésie. Les soirs d'été, après les longues et pénibles journées de bureau, il fuyait bien vite les rues sombres et mal-
saines du vieil Agen, pour gagner sa jolie propriété de *La Lande*,
et là, à l'ombre de ces ormeaux séculaires qui conduisent à
la pittoresque demeure, jouir enfin d'un repos bien mérité.
Nous aimons à nous le représenter, entouré de sa nombreuse
famille, sur cette terrasse élevée du vieux manoir, d'où la
vue s'étend à l'ouest vers la ville, toute rouge encore en sa
robe de briques dans la poudre du soir, tandis que sur la
droite se prolongent en molles ondulations les vertes prairies
qu'arrose La Masse, dont le cours sinueux va se perdre en
remontant dans les gorges ombreuses des côteaux du Pont
du Casse.

La terre noble de La Lande appartenait autrefois à la famille de ce nom, qui la vendit au xviii° siècle aux Lamouroux. Elle eut, deux siècles plus tôt, son heure de célébrité.
C'est en effet dans son château, situé à deux kilomètres de
la ville, qu'on apporta, un jour de deuil, les précieuses reliques de tous les saints agenais. A l'époque où les Huguenots s'emparèrent, en 1561 et l'année suivante, à maintes
reprises différentes, de la cité d'Agen et pillèrent ses couvents et ses églises, le chapitre de Saint-Caprais, dont un

des membres était alors un chanoine de La Lande, crut à propos de mettre en sûreté dans sa demeure les restes sanctifiés des martyrs d'Agen.

Ils y restèrent quatre années, jusqu'au jour fameux du dimanche 13 octobre 1566, où :

« A l'honneur et louange de Dieu Nostre Seigneur Jésus-Christ et de la benoiste Vierge Marie, sa mère, et de Monsieur Saint-Caprasy, les Saintes Reliques, Capses d'argent de Monsieur Saint-Caprasy et de Madame Sainte-Foy et plusieurs autres reliquaires, calices, croix, encensoirs, le tout d'argent et surdorés, ont été remises et reportées en l'église Saint-Caprasy, processionnellement depuis la Porte du Pin, avec Messieurs Jean Chabrier, prieur de ladite église, Clément de La Lande, Bernard de Cunolio, Helias Riberenc et Guillaume Pons, chanoines de ladite église, ensemble tous les prêtres du bas chœur de ladite église, et le curé de l'église Sainte-Foy, et les prêtres d'ycelle, et les Frères religieux du Couvent des Augustins, qui les sont allés prendre et recepvoir en procession bien avant la Porte du Pin, les apportant de *la maison dudit sieur de La Lande, appelée de Lamothe-Cantal*, auprès de la ville, lesquelles auraient été mises ensemble et cachées depuis l'an 1562, par la fureur et la crainte des Huguenots, qui, en ladite année pillèrent, emportèrent et dérobèrent les chasses des églises d'Agen, pour en faire des testons, et dressèrent la guerre civile contre les gens d'église et les catholiques. A laquelle procession y avait grande multitude de peuple qui plurèrent de joie quand ils virent les reliques. Le clergé chantait le *Te Deum laudamus*, et emportèrent les reliques processionnellement dans l'église Saint-Caprasy, et fut célébrée la messe par M. de La Lande, à laquelle assista un grand nombre de peuple [1]. »

Le château de La Lande, plutôt manoir que château, était encore au xviiie siècle assez bien conservé. Son corps de

[1] Extrait de l'original, autrefois déposé aux archives de Saint-Caprais, et reproduit par Labrunie, dans son *Abrégé chronologique des Antiquités d'Agen*.

logis rectangulaire se trouvait complété par deux ailes laté-
rales d'égale dimension. Quatre tourelles se dressaient aux
quatre coins, dont les deux, rattachées au corps de logis principal, présentaient et présentent encore quelques défenses
extérieures, comme meurtrières, chemins de ronde et ma-
chicoulis. La porte principale, bien conservée et toujours
hérissée de gros clous, s'ouvrait au nord-est sur une petite
terrasse entourée d'une forte muraille. La façade opposée
donnait au sud-ouest sur une autre terrasse plus vaste,
plantée d'arbres et assez élevée au-dessus de la pente du
côteau pour qu'on n'eut de ce côté à redouter aucune surprise. A présent découverte, elle était également autrefois
fermée par une courtine crénelée, qui se reliait à deux autres
tours, aujourd'hui démolies, mais dont on voit encore les
bases. Un puits avait été creusé au centre de cette cour.

Comme ces jolies résidences champêtres, moins préten-
tieuses que les vieux châteaux-forts, et par cela seul plus
agréables à habiter, comme ces élégantes gentilhommières,
conservant encore, plutôt pour le coup d'œil pittoresque que
pour assurer une défense sérieuse, quelques restes de forti-
fications d'autrefois, et qui, telles que Saint-Amans, Plene-
selves, Prades, Bois-Renaud, Lamothe-Bézat, Lécussan, Naux,
Franck, Vérone, et tant d'autres, émaillent de leurs tourelles
inoffensives et de leurs frais ombrages la plaine ou les pen-
tes des premiers côteaux avoisinant Agen, ainsi le manoir de
La Lande offrait à ses propriétaires une retraite paisible, où,
loin du bruit des affaires, ils pouvaient en tout repos goûter
les charmes de la solitude et des champs.

C'est là, ainsi que nous les examinerons dans la partie bibliographique qui lui sera consacrée, que Claude Lamouroux
écrivit ses meilleures pages musicales et qu'il composa la
plupart de ses poésies, dont quelques-unes furent vivement
appréciées de ses collègues de la Société académique d'Agen.

— Claude Lamouroux fut en effet un des fondateurs de la

Société d'Agriculture, Sciences et Arts d'Agen. Un précieux
hasard nous a permis de retrouver, on le sait, en 1874, au
château de Saint-Amans, le premier registre des séances de
cette académie, inconnu de tous jusqu'à cette date. Malheureusement disparu avec la plupart des manuscrits de cette
importante collection, cet intéressant volume n'a pu, comme
nous étions en droit de l'attendre de ses détenteurs, être
réintégré dans les archives de la Société. Grâce aux notes
que nous eûmes alors l'heureuse inspiration de prendre, il
nous a été donné de pouvoir en présenter ailleurs une analyse détaillée [1]. Rappelons seulement ici que :

« Le 1er janvier 1776, la Société des Sciences, Belles-lettres et
Arts d'Agen, (c'est ainsi qu'elle se nomme à ses débuts), tint sa
première séance. Les associés étaient au nombre de huit, savoir :
MM. de Saint-Amans, de Laville (Lacépède), de Lafon du Cujula,
de Vigué, de Cessac de Lacuée, de Lamouroux (Claude) (*sic*),
Carrère, curé de Roquefort, et l'abbé Paganel. Ce dernier fut
nommé secrétaire de la société. »

Lamouroux trouva donc au sein de cette aimable compagnie un élément nouveau à ses productions littéraires, et,
par la fréquentation de collègues aussi distingués, une émulation et un encouragement à continuer ses travaux. Il en
fut un des membres les plus assidus, et il contribua dans
toute sa mesure à son développement ainsi qu'à l'estime
générale dont elle fut entourée dès ses débuts.

Georges Lamouroux remplissait, nous l'avons dit, au moment de sa mort les fonctions de « Receveur des Consignations des sénéchaussées et sièges présidiaux de l'Agenais et
du Condomois. » Selon l'usage, il transmit cette charge à son

---

[1] Voir notre travail sur : *Les Manuscrits de la bibliothèque de Saint-
Amans* (Agen. Imp. Lamy. 1889. In-8e.)

fils Claude, qui, moyennant finances naturellement, en fut
investi aussitôt après, ainsi que nous l'apprennent les Lettres
patentes que lui octroya Louis XVI, à la veille de la Révolution :

« Sçavoir faisons, est-il dit en effet dans ces lettres, à la date
du 17 décembre 1788, que par la pleine et entière confiance que
nous avons eue en la personne de notre cher et bien aimé le sieur
Claude Lamouroux et en ses sens, suffisance, capacité, expérience,
fidélité et affection à notre service... pour ces causes lui octroyons
l'office de notre conseiller, receveur des consignations des sénéchaussées et sièges présidiaux d'Agen et de Condom, que tenait et
exerçait son père Georges Lamouroux, etc. — Enregistré en février 1789 [1]. »

La chute de l'ancien régime ne lui permit pas de l'exercer
longtemps.

Le temps était proche, en effet, où tout allait crouler
en France. D'un esprit trop ardent, d'une âme trop sensible, d'un cœur trop généreux pour ne pas partager les
folles illusions dont se berçaient alors même les plus scep-
tiques, Claude Lamouroux embrassa chaudement la cause
de la Révolution, et il applaudit des deux mains aux premières mesures de l'Assemblée Constituante qui devait, à ses
yeux, régénérer l'humanité. Pénétré de respect pour la personne et le caractère du Roi, il rêvait, avec toutes les âmes
honnêtes de cette époque, l'heureuse union de la Liberté et
de l'Autorité ; et ses idées philanthropiques croyaient trouver
dans l'affirmation et l'application des immortels principes
la solution de toutes les questions pendantes, le remède à
tous les maux. Plein, à ses débuts, pour le mouvement qui
allait changer la face des choses d'un généreux enthousiasme,
que la marche trop rapide des évènements ne devait pas

---

[1] Archives départementales de Lot-et-Garonne. B. 147.

tarder à singulièrement refroidir, Lamouroux ne dédaigna
pas de briguer de bonne heure les suffrages de ses concitoyens. Sa popularité d'ailleurs, comme les nombreux services rendus par lui à la classe ouvrière, les lui avaient d'a-
vance pleinement acquis.

Depuis 1782, il était déjà trésorier du bureau d'administration de la manufacture Delas[1].

Dès les premières heures de la Révolution, le 19 février
1790, il fut élu parmi les vingt-quatre notables, qui, avec
Monsieur de La Roche-Monbrun, maire, Bory, procureur de
la commune, et onze officiers municipaux, constituèrent la
nouvelle municipalité agenaise. Conformément à la loi,
Claude Lamouroux prêta, avec tous ses collègues, le serment
obligatoire, le 28 février suivant, dans l'église des Jacobins[2];
et, depuis ce moment, il se montra l'un des plus zélés et des
plus dévoués.

— La vie publique de Claude Lamouroux fut trop importante, trop considérables et trop ignorés furent les services
qu'en ces heures si mouvementées il rendit à ses concitoyens, trop inconnus aussi sont demeurés les évènements,
fort curieux pourtant, qui passionnèrent à cette époque nos
ancêtres, pour que nous ne nous fassions pas un devoir de
les rappeler ici, et, malgré la longueur de ces épisodes, d'appeler sur eux toute l'attention de nos lecteurs.

Membre, comme nous venons de le dire, de la première
municipalité agenaise, élue sous la Révolution, le 19 février
1790, Claude Lamouroux se fit un scrupuleux devoir d'as-

---

[1] Archives hospitalières de la maison Delas. Reg. des délibérations pour l'année 1782. Voir notre travail sur *les Hôpitaux
d'Agen*. (Les Couvents d'Agen avant 1789. T. II).

[2] Archives municipales d'Agen. Délibération des assemblées de
la Commune. Reg. In-f° (février 1790 à juillet 1792).

sister à toutes les séances des assemblées de la Commune, dont tous les membres réunis formèrent ce qu'on appela alors le *Conseil général de la Commune*, (actuellement le Conseil municipal) ; alors que le pouvoir exécutif, comprenant le maire, les onze officiers municipaux et le procureur, et d'où étaient exclus les vingt-quatre notables, prit le nom de *Conseil municipal* ou *Conseil d'administration de la Commune*, et dont les délibérations furent consignées dans un registre à part. Son amour du travail, son zèle pour le bien public, le désignèrent bien vite à l'attention de ses collègues, qui lui confièrent les labeurs les plus arides, les missions les plus délicates.

C'est ainsi qu'au mois de mai 1790, à la suite des troubles qui désolèrent la ville de Montauban, et pour la répression desquels il fut décidé en haut lieu qu'on enverrait des troupes de Bordeaux, sur l'offre faite au Conseil général de la Commune d'Agen et acceptée aussitôt par lui de servir de médiateur, Lamouroux fut délégué par ses collègues « pour se rendre, avec le maire, M. de La Roche-Monbrun, au devant des troupes Bordelaises et les engager à vouloir écouter les propos d'un arrangement à l'amiable et agréer la médiation des officiers municipaux d'Agen [1]. » Son ambassade eut un plein succès ; car les troupes de Bordeaux ne dépassèrent pas notre ville, où elles entrèrent le 22 mai et y séjournèrent jusqu'au 1er juin. Chargé du reste tout spécialement du soin d'arranger cette affaire, Claude Lamouroux se vit même obligé de s'immiscer directement dans les affaires des Montalbanais, et il échangea avec eux une longue correspondance, qu'il communiqua très-exactement aux séances du Conseil général [2].

---

[1] Archives municipales d'Agen. Rég. des délibérations des assemblées de la Commune.

[2] Idem.

Quelques jours auparavant, le 16 mai, il assistait sur
le Gravier, avec tout le corps municipal, à la cérémonie im-
posante de la prestation du serment civique par les 4.000
hommes qui composaient la garde nationale d'Agen.

Il se multiplie en ce temps-là, avec quelques-uns de
ses collègues, pour apaiser l'émeute qui se forma dans Agen,
le 27 juin suivant, à l'occasion de l'enlèvement par un particulier, sur un bateau de la Garonne, d'une certaine quantité de sacs de farine. Force resta, grâce à lui, à la loi ainsi
qu'à l'autorité municipale [1].

Lamouroux fut également chargé sur la fin de cette année
d'élaborer pour la Commune d'Agen le projet de contribu-
tions patriotiques, imposées à chaque citoyen par Lettres
patentes du Roi, sur un décret de l'Assemblée Nationale du
8 août, et il fut nommé commissaire pour opérer le recen-
sement général des recensements particuliers du scrutin des
six sections de la ville d'Agen, à l'effet d'élire un nouveau
procureur de la Commune et six nouveaux officiers municipaux, à la date du 15 novembre 1790. Furent élus: MM. Dayrie, procureur de la commune, et Castelnau, Cruzel, Goux,
Saint-Amans, Mouchet et Gramache, officiers municipaux.

En janvier 1791, Lamouroux est désigné pour aller recevoir le serment des ecclésiastiques des paroisses d'Artigues
et de Sainte-Foy de Jérusalem. En avril, il est nommé,
avec Chaubard, commissaire pour la vérification des comptes
de la municipalité. Enfin on le charge de proposer un plan
pour réduire le nombre trop considérable des paroisses de
la municipalité d'Agen, etc [2].

En même temps qu'il gérait les affaires publiques,
Lamouroux n'oubliait pas ses affaires privées. Sa mai-

---

[1] Registre des délibérations des assemblées de la Commune.
[2] Idem.

son de commerce était, grâce à sa persévérante intelligence, devenue une des premières, sinon la première de la ville d'Agen ; et il se trouva, de cette façon, indiqué tout particulièrement aux suffrages des négociants de cette ville, qui, en vertu de la loi du 18 février 1791 créant dans toutes les villes importantes du royaume un tribunal de Commerce, eurent à organiser, en avril de cette même année, celui de leur cité. Claude Lamouroux fut élu par eux Président.

Mais un honneur plus insigne encore lui était réservé, à la fin de cette année 1791. Au renouvellement partiel de la municipalité agenaise, qui, conformément à la loi, devait s'opérer à cette époque, Claude Lamouroux remplaça M. de La Roche-Monbrun ; et, par 93 suffrages sur 154 votants, le 13 novembre 1791, il fut élu *Maire de la Ville d'Agen.*

En même temps étaient élus MM. Sarrazin, procureur de la Commune, Barsalou, Lafaugère, Albaret, Trénac et Astié, officiers municipaux, qui, avec MM. Castelnau, Mouchet, Sarran-Gramache, Goux, Candellon et Dayrie, nommés l'année précédente, constituèrent le nouveau corps administratif ; et enfin treize nouveaux notables, qui vinrent se réunir aux onze, élus l'année précédente, et achevèrent de former ainsi, pour l'année 1791-1792, la municipalité d'Agen.[1]

Maire de la ville d'Agen, au moment peut-être le plus difficile de notre histoire, à l'heure où toutes les passions étaient déchaînées, où tous les appétits se trouvaient en jeu, où, dans la tourmente qui emportait tout, la plus élémentaire prudence pouvait passer pour de la faiblesse, où l'audace en toutes choses avait été mise à l'ordre du jour, Claude Lamouroux sut se montrer à la hauteur de sa tâche, et, par

---

[1] Registre des délibérations des administrateurs de la Commune, page 36. — Idem, des délibérations du corps municipal, page 107. (Archives municipales d'Agen).

sa fermeté comme par sa paternelle administration, par sa constante sollicitude et son patriotisme admirable, qui, pendant plus de six mois, le firent entièrement négliger ses affaires personnelles pour consacrer ses jours comme ses nuits au bien public, il sut éviter à sa ville natale bien des malheurs.

Sa gestion du reste, on va le voir, ne fut pas une sinécure.

Aussitôt après qu'il eût prêté, avec les nouveaux élus, le 17 novembre 1791, et devant le conseil général de la commune, le serment exigé par la loi du 18 octobre 1789, et qu'il eut pris possession de la mairie, Lamouroux se heurta, dès ses débuts, aux plus graves difficultés, notamment à la question des subsistances qui passionnait alors si profondément la nation, et par suite à celle de l'augmentation de la taxe du pain, réclamée par tous les boulangers de la ville. Y aurait-il deux prix du pain, l'un pour les riches, l'autre pour les pauvres, l'un payable en argent, l'autre en papier monnaie ? Lamouroux convoqua extraordinairement la municipalité, le 23 décembre 1791, à la suite d'un mouvement populaire dans lequel « le sieur Gimiel, jardinier, après que la taxe du pain eut été criée au son de la trompe, prit à partie les nouveaux officiers municipaux, et leur reprocha de souffrir le monopole des boulangers, criant bien haut qu'il fallait arrêter le cours de la misère qui les menaçait, et invitant les femmes, qui se trouvaient autour de son banc sur la place publique, à faire du train [1]. » Sur la proposition du Maire, il fut décidé que le sieur Gimiel et autres de ses complices seraient cités devant le tribunal de police correctionnelle, afin d'avoir à rétracter leurs propos injurieux et d'être jugés. Mais la question de la taxe du pain

---

[1] Archives municipales d'Agen. Registre des délibérations de la Commune.

n'était pas résolue. Elle amena la visite des greniers de la
ville ainsi que du domicile de pas mal de citoyens ; et finalement il fut décidé que, vu l'insuffisance des provisions, il
serait demandé un secours au département.

Elle ne fut du reste jamais qu'imparfaitement tranchée
cette question, qui devait aboutir à l'émeute du 4 mars.

Durant ce temps, Lamouroux prenait d'importantes dispositions en faveur de la protection à donner aux enfants
trouvés, au contrôle de la garde nationale, à la surveillance et au renforcement de la garde de nuit, etc., allant même
jusqu'à remplir maintes fois les fonctions de juge de paix,
afin d'aplanir des difficultés intervenues entre marchands
ambulants [1].

L'affaire du Royal-Pologne lui suscita plus de soucis encore. Ce régiment de cavalerie était depuis quelque temps
en garnison à Agen, où il était devenu, à cause peut-être de
sa bonne tenue et des noms aristocratiques de ses officiers,
un objet de suspicion aux patriotes agenais

Le 12 janvier 92, une querelle intervint dans une auberge du quartier saint Antoine entre l'aubergiste et trois cavaliers qui refusèrent de payer leur écot. Des paroles on en
vint aux coups, et le bruit se répandit en ville que les
cavaliers frappaient le bon peuple. Plainte fut aussitôt portée à la Mairie par un citoyen qui avait désarmé un desdits
cavaliers et apportait triomphalement son sabre. Le Conseil
se réunit d'urgence et requit le commandant de la garde
nationale, Monsieur de La Roche, ainsi que Monsieur de
Marcé, commandant en second de la vingtième division,
d'avoir à convoquer d'urgence la garde de nuit, de nombreuses patrouilles et la gendarmerie nationale, afin de se

---

[1] Registre des délibérations, pages 42, 44, 46, 50, etc.

tenir prêtes à marcher au premier signal. Mais comme l'ordre ne se rétablissait point, que de nombreux attroupements se formaient, et qu'il était même tiré, disait-on, des coups de fusil, la municipalité fit publier la loi martiale et battre la générale. Bien plus, « Monsieur le Maire sortit, précédé de torches et accompagné de quelques officiers municipaux, et se dirigea vers le lieu où se passaient ces évènements, cherchant à calmer le peuple et à l'éclairer sur le malentendu, cause de tout ce tumulte. » Ses efforts furent couronnés de succès ; et grâce à son dévouement et à son énergie, la tranquillité fut vite rétablie dans la rue.

De l'enquête qui fut faite il résulta qu'à la suite de la querelle qui s'était élevée dans l'auberge du sieur Gautier jeune entre cet aubergiste et trois cavaliers du 5° régiment, ces derniers furent soutenus par plusieurs de leurs camarades qui envahirent l'auberge et la saccagèrent. Le sieur Gautier alla alors à la place Saint-Hilaire mander du secours à la société des Amis de la Constitution. Une bagarre générale s'ensuivit bientôt entre les cavaliers et plusieurs citoyens, au milieu de laquelle furent échangés de nombreux coups de sabre et tirés quelques coups de fusil. Vainement monsieur de Marcé, commandant la division, monsieur de Menou, lieutenant-colonel du régiment, et messieurs de Vaudreuil et de Rochebouet, capitaines pour lors de service, cherchèrent-ils à défendre leurs hommes et à rejeter tous les torts sur quelques citoyens, fauteurs de la provocation ; ces derniers, au nombre desquels il faut citer le sieur Gautier, aubergiste, Joseph Dessus, son beau-frère, Joseph Gardette, Blaise Magoulès, sergent d'infanterie, Cassé, menuisier, et bien d'autres des plus exaltés, et en même temps Jean-Baptiste Tonnelé-Gimbrède, capitaine de la garde nationale, affirmèrent que les provocateurs étaient les cavaliers, dont l'arrogance depuis quelque temps était devenue insupportable, et qu'ils avaient même, des fenêtres de leur caserne, tiré sur le peuple plusieurs coups de fusil.

La municipalité délibéra longuement. Finalement,

« d'autant qu'il résulte des fait consignés que l'animosité la plus grande existe entre les citoyens et les cavaliers du 5ᵉ régiment, qu'il y a eu de part et d'autre des coups de fusils tirés, sans qu'il soit venu à notre connaissance que personne en ait été blessé, et que la tranquillité n'a pu renaître qu'à l'aide de toutes les précautions prises par les Corps réunis et M. le Général, qu'on ne peut même espérer que les esprits se concilissent facilement ; comme aussi il est important de réunir les cavaliers du 5ᵉ régiment dans des bâtiments où les hommes et les chevaux pussent y être placés ensemble ; que la seule caserne des Cordeliers réunit cet avantage ; qu'il n'en est pas de même des cavaliers placés à Saint-Caprais, leurs chevaux étant placés dans les Ecuries du Roi qui en sont très éloignées, ce qui donne occasion aux cavaliers de cette dernière caserne de se répandre dans la ville; que la surveillance en devient difficile; et que par suite il est indispensable de déplacer les cavaliers de Saint-Caprais et de les loger eux et leurs chevaux dans les bâtiments accessoires du ci-devant palais épiscopal et du Séminaire, etc., il fut décidé, par le Conseil général de la Commune, que ce projet recevrait son exécution immédiate, et qu'hommes et chevaux seraient logés dans le même bâtiment[1].

Cette mesure était en effet excellente. Il n'en fut pas de même de celle que prit à la suite la municipalité, qui se crut obligée de se soumettre aux ordres des meneurs du parti révolutionnaire, à savoir de demander au gouvernement de déplacer sur le champ le régiment de Royal-Pologne et d'en débarrasser le département. Ce qui fut malheureusement exécuté. Le 5ᵉ régiment de cavalerie, sur lequel on pouvait compter en temps d'émeute, fut en effet éloigné d'Agen. Quelques jours après, le 13 février, il dut se rendre à Auch, alors que prenait sa place dans notre ville le 1ᵉʳ ba-

---

[1] Archives municipales. Reg. des délibérations de la Commune d'Agen.

taillon du régiment de Champagne-Infanterie, qui, nous
allons le voir, à la plus prochaine affaire, pactisa avec les
émeutiers.

Claude Lamouroux ne s'endormit pas sur ce premier succès. Il prit dès le lendemain de sages précautions pour
éviter le retour de pareils scandales.

Il règlementa la police des auberges, des cafés et des
maisons de jeu où fut interdit comme immoral « le Jeu de
Loteau » (sic). Il défendit de se masquer dans les rues en
temps de carnaval ; et il prohiba le port des armes dans les
bals et autres réunions publiques. Enfin, vu la cherté des
vivres et comestibles en maigre, il pria l'Evêque d'accorder
trois jours de gras par semaine pendant le carême de cette
année 1792 [1].

Le 24 janvier, il avait présidé sur le Gravier la cérémonie
où furent installés, en grande solennité, Messieurs les juges
du Tribunal Criminel du département de Lot-et-Garonne, et
à laquelle assistèrent tous les corps civils, judiciaires et
militaires. La musique patriotique y prêta son concours ;
le palais fut jonché de verdure ; des salves d'artillerie furent
tirées, en même temps qu'était mise en branle la cloche de
l'Hôtel de Ville. Un arrêté même portait que l'effigie de
Louis XVI, roi des Français, serait placée aux hautes stal-
les, « ceinte d'une couronne civique [2] ».

Forcé de s'absenter d'Agen, du 16 février au 11 mars,
sans doute pour ses affaires commerciales, Claude Lamouroux ne se trouva pas à son poste de maire, lorsque éclata
dans les rues de cette ville la dangereuse émeute du 5 mars
et jours suivants de cette année 1792. Il dut amèrement le

---

[1] Archives municipales. Idem, p. 65, 69, 70, etc.
[2] Idem,

regretter. Peut-être même faut-il attribuer à son éloignement l'insuccès de la municipalité en cette affaire et les conséquences déplorables qui s'en suivirent pour le prestige de
l'autorité et le respect méconnu de la loi.

Bien que le récit de cette échauffourée ne rentre pas dans
le cadre de notre étude, nous croyons cependant devoir en
dire ici quelques mots, le calme étant à peine rétabli lorsque Claude Lamouroux revint à Agen, et les suites de cette
affaire ayant été du reste immédiatement arrangées par lui.

La grande question à l'ordre du jour, celle dont se pré-
occupait la France entière et qui engendrait de tous côtés le
mécontentement et les émeutes, était la cherté du pain,
suite de l'insuffisance des provisions de blé. A Agen, depuis
longtemps déjà la municipalité cherchait à la résoudre. Mais
les mesures prises par elle étaient inefficaces, et l'agitation
des esprits augmentait chaque jour. Dès les premiers jours
de mars, la crise, jusque-là latente, passa à l'état aigu. Le
3 mars, quelques attroupements se formèrent. Le peuple
demandait l'abaissement de la taxe du pain. Ce jour-là même
le Conseil s'assembla et tint une longue délibération. En fin
de compte :

« Considérant que le bienfait le plus cher à son cœur est de
procurer aux habitants de la municipalité qui sont en souffrance
les moyens d'alléger la rigueur de leur sort ; considérant qu'on
ne saurait manquer de grains quand on leur laisse un libre
cours et qu'il est dangereux par suite de leur fixer une taxe ;
considérant en outre que par ses seules ressources la municipalité ne peut venir en aide à tous les indigents ; décide : 1º Qu'il
sera demandé au Directoire du département de lui assigner sans
retard la contingente portion de secours qu'elle a droit d'attendre,
eu égard à sa population et à ses besoins urgents, sur les fonds
décrétés par l'Assemblée nationale ; 2º Que ces fonds seront
joints aux fonds de charité déjà recueillis ; 3º Qu'il sera dressé
un état de tous les habitants nécessiteux ; 4º Attendu que la
municipalité n'a pas pu depuis quelque temps suivre exactement

le tarif pour le pain, eu égard aux fourleaux d'un côté, à cause de
la diversité du prix du blé par rapport à l'achat tantôt en assignats, tantôt en argent, et quelquefois en argent et en assignats ;
de l'autre côté parce que le pain fourni par les boulangers était
suspecté composé de méture et que c'était une raison pour se
tenir au-dessous du tarif ; le conseil décide qu'aussitôt qu'il sera
possible de procurer aux habitants nécessiteux le pain à meilleur
marché que le prix ordinaire, la municipalité taxera le pain sur
le tarif qui lui a ordinairement servi de règle, afin que le boulanger soit plus assuré de son bénéfice, qu'il n'ait plus de prétexte à
composer son pain de divers grains, qu'il puisse se procurer plus
aisément ses approvisionnements et que le pauvre trouve une nouvelle ressource dans la meilleure qualité de pain pur froment, etc.
5° Enfin le Conseil général de la commune invite, au nom de la
patrie, les citoyens, à qui la fortune a prodigué les moyens d'être
utiles à leurs semblables, à voler au secours de cette classe indi-
gente qui, dans le produit de leurs veilles et de leurs travaux, ne
peuvent trouver les ressources nécessaires à leur subsistance.
Dans ce but, la quête, qui a été faite récemment, étant demeurée
infructueuse, il sera créé un nouveau bureau de charité, composé
de Messieurs Barbier-Lasserre, J.-B. Illy, prêtre, Chevigné, commandant le 2e bataillon de la garde nationale, et Saint-Phélip,
juge de paix, qui recevront les aumônes et en effectueront la distribution [1].

Vains efforts ! Ces mesures, prises trop tardivement, restèrent inefficaces, et l'émeute éclata le lendemain 4 mars.

Au Marché des grains, des attroupements se formèrent,
et la liberté du commerce fut violée. Les marchands de blé
des communes voisines ne purent effectuer leur négoce, et
ils se retirèrent, emportant les marchandises qu'ils desti-
naient aux boulangers d'Agen.

La municipalité adressa aussitôt une proclamation aux

---

[1] Archives municipales d'Agen. Reg. des délibérations de la
Commune, p. 120 et suiv.

habitants de la ville, les exhortant à favoriser au contraire
le négoce du blé, source de leur alimentation, et à rechercher et à dénoncer les coupables. Elle leur assurait en même
temps que ceux qui avaient été lésés seraient indemnisés
par elle et qu'elle disposerait de forces suffisantes pour assurer désormais la liberté du commerce des grains.

Cette mesure demeura sans effet. La cloche des Grands
Carmes donna le signal de la révolte, à laquelle se joignit
bientôt celle des Jacobins, et de nombreux groupes se formèrent dans toutes les rues de la ville, hostiles à la municipalité. Celle-ci requit aussitôt toutes les forces dont elle dis-
posait, c'est-à-dire la garde nationale et les troupes de ligne;
elle proclama la loi martiale et elle fit arborer le drapeau
rouge à une des fenêtres de la maison commune. Le Conseil
demeura en permanence.

Sur ces entrefaites, deux hommes, vêtus de l'habit de
garde national, se disant députés des habitants des rues du
Pin et Saint-Jean, se présentèrent à la Mairie et déclarèrent
au Conseil, que si le peuple s'était réuni dans l'église des
Grands-Carmes, c'était pour pouvoir rédiger une pétition à
la municipalité. Mais le Conseil, ayant reconnu qu'ils n'é-
taient pas citoyens actifs, déclara ne pouvoir accepter leur
réclamation.

A une heure de l'après-midi, le tocsin reprenant de plus
belle, les officiers municipaux donnent ordre de faire battre
la générale et de réunir à la maison commune les quatre
compagnies de grenadiers et les quatre autres de fusiliers
de la garde nationale. Mais les tambours demeurèrent introuvables; nombre de gardes refusèrent de prendre les armes;
et l'émeute devenait toujours plus menaçante, tant aux
Grands Carmes que dans le quartier opposé des Jacobins.

Le Conseil requit alors M. de Marcé, commandant des
troupes de ligne, de réunir ses hommes et de les amener
pour défendre la Mairie. Ce qui fut effectué. Quelques gardes
nationaux les suivirent, et des forces assez imposantes furent

dès lors groupées autour de la maison commune, où étaient
assemblés tous les corps constitués de la cité.

Les exhortations et les divers essais pour dissiper les
attroupements étant demeurés sans effet, le Conseil se décida
alors à sortir avec le drapeau rouge en tête et à marcher
au-devant de l'émeute. Il était cinq heures ; le tocsin sonnait
toujours, et la foule de plus en plus nombreuse menaçait la
maison commune.

« Les officiers municipaux sortirent alors de la Mairie et mar-
chèrent à la tête de la garde nationale, suivie de la troupe de
ligne, en compagnie d'un des juges de paix, de monsieur de Marcé
et de quelques membres de l'administration, deux de leurs collègues étant restés à la Maison Commune avec un détachement
pour la garder. A peine ont-ils été sortis, qu'ils ont appris que le
sieur Lomet, ingénieur du département, était exposé à la fureur
populaire et en grand danger de devenir sa victime. Ils ont avancé
le pas et fait rencontre dans la rue Pont-de-Garonne d'une foule
immense de peuple qui lui venait au devant. Ils s'arrêtent, font
battre un ban, et l'officier municipal, porteur de la loi martiale,
se met en devoir de la leur lire. Le peuple avance en poussant des
cris séditieux: le magistrat, dans le terme de la loi, lui ordonne de
se retirer ; et il a le mal au cœur d'entendre les soldats de la garde
qui est à sa suite lui dire de rester. Le peuple crie : *Bas les armes* !
la garde nationale défère au cri, se repose sur les armes, et sur
de nouveaux cris tire la baïonnette du bout des fusils et met la
crosse en l'air en signe d'acquiescement. Les officiers municipaux,
se voyant alors sans force, prennent le parti de se retirer. En
revenant à la Commune, ils ont la douleur de voir la troupe de ligne,
rangée en bataille, suivre l'exemple de la garde nationale et lever
les crosses en l'air, malgré qu'ils eussent à leur suite un peuple
innombrable. La garde, composée de quelques citoyens courageux
et fermes dans leur poste, ainsi que de deux grenadiers de Champagne, demeurés à la principale porte, ont soutenu l'effort du
peuple pendant un temps ; mais attaquée, la baïonnette au bout
du fusil, par les soldats du dehors soutenus par le peuple, elle
est forcée de plier. Une partie du peuple s'introduit dans la
cour de la Maison Commune, et elle aurait pénétré dans la salle

du Conseil, si partie de la garde ne fut venue s'emparer de la
première porte et en défendre courageusement l'entrée [1]. »

Force était restée aux émeutiers. « La loi ayant été violée
et toutes les autorités méconnues et méprisées, les officiers
municipaux se virent obligés de recevoir les conditions qui
leur furent imposées, de faire publier sur le champ la taxe
du prix du pain à trois sous, taux que le peuple fixa lui-même,
et à lui promettre de faire le lendemain, en sa présence, la
visite de tous les greniers de la ville. » Ce qui fut fait, mais
n'amena aucune découverte, les accapareurs agenais n'exis-
tant que dans l'imagination des meneurs de tous ces troubles.

Quand le calme fut rétabli, le Conseil municipal, ainsi que
les membres du directoire du département et du district et
les officiers du tribunal criminel, se réunirent dans la salle
du département, et après une longue délibération arrêtèrent :
1° que la diminution ainsi faite sur le pain ne serait accordée
qu'aux pauvres qui la demanderaient ; 2° que la taxe de droit
serait payée par toute personne qui s'y soumettrait ; 3° que
le prix courant serait porté au taux relatif à la valeur du
blé, constatée par le fourleau ; qu'en conséquence il serait
taxé à 4 sous, 3 deniers la livre, et qu'une indemnité serait
payée au boulanger sur ce pied, à la charge par lui de
redoubler de soins et d'attentions pour la fabrication et qualité du pain, sous la surveillance la plus sévère de la municipalité ; 4° enfin, que pour ôter au peuple tout prétexte de
se récrier, il ne serait fait qu'une seule espèce de pain.

La séance fut levée à onze heures du soir, au procès-verbal
de laquelle signèrent : MM. G. Marchant, juge de paix de la
section de l'Hôpital, Candellon, Castelnau, Sarran-Gramache,
Cruzel, Barsalou, Goux, Albaret, Lafaugère, Trénac, officiers

---

[1] Archives municipales d'Agen. Extrait du procès-verbal des
délibérations de la Commune (1792).

municipaux ; de Marcé, maréchal de camp ; Chauron, commandant le 7e régiment; Sarrasin, procureur de la Commune; Dayrie, substitut ; Saint-Phelip, juge de paix de la section de la maison Commune.

Et en marge, les administrateurs du Directoire du département : MM. Saint-Amans, Barsalou fils aîné, Lamarque, J. B. Auricoste, Crebessac et Coutausse, procureur général ; et ceux du Directoire du district d'Agen: MM. Rouzier, Sembauzel et Carmentran [1].

« Ce fut, ajoute Proché, dans l'affaire du 4, que M. Lomet, ingénieur du département et capitaine d'une compagnie de la garde nationale, ayant voulu faire quelques représentations aux insurgés, s'exposa à leur fureur et aurait été leur victime, sans le secours de Jean Himounet, dit Frisat, charretier, aidé des citoyens Berrou, horloger, Gauthier, couvreur, Diché cadet et Desbarrats fils, dit Condom, serrurier, qui, au péril de leurs jours, l'arrachèrent des mains des séditieux. Le Directoire du département ayant été informé du courage et du dévouement que ces citoyens avaient montré dans cette occasion, indiqua, à ce sujet, une fête civique, dans laquelle Himounet reçut, au nom de la patrie, une couronne de chêne et ses quatre coopérateurs des témoignages solennels de la reconnaissance publique. Cette cérémonie eut lieu le 5 juin suivant, sur le Gravier. Tous les corps administratifs et judiciaires, les états-majors des corps militaires, y furent invités. Là, le maire de la ville d'Agen, Claude Lamouroux, posa sur la tête de Jean Himounet, en présence de toute la Commune, la couronne de chêne dont nous avons parlé, attachée sur un cercle d'argent par un ruban aux couleurs nationales, avec cette inscription : « Cette couronne a été décernée au nom de la Patrie, l'an IV de la Liberté française, à J. Himounet, pour avoir sauvé la vie à un citoyen [2]. »

L'affaire du 4 mars eut d'autres suites. Le même auteur

---

[1] Archives municipales d'Agen. Extrait du procès-verbal des délibérations de la Commune (1792).

[2] Proché. Annales de la ville d'Agen, p. 18.

nous dit en effet que, « comme la loi avait été violée, le Tribunal criminel fit les poursuites nécessaires, et que les coupables furent punis »

— Claude Lamouroux ne rentra à Agen que le 11 mars, assez tôt cependant pour reprendre la question des subsistances, la mener à bonne fin, et régler lui-même le différend qui était intervenu entre certains fauteurs de trouble et l'abbé de Saint-Gillis, dans l'affaire connue sous le nom d'*affaire de Grave*.

Le lendemain de l'émeute du 4 mars, les esprits n'étant pas entièrement calmés, on apprit tout à coup à Agen que l'ex-abbé de Saint-Gillis, M. de Grave, avait vendu à un certain minotier des environs sa dernière récolte de blé et qu'il la faisait embarquer sur la Garonne, au port de Goux, sa propriété, en face de Colayrac. Aussitôt les têtes s'échauffent, le peuple s'assemble, sonne le tocsin, et part pour la métairie de Goux. La municipalité requiert immédiatement la garde nationale ; mais celle-ci refuse le service, soutenue par la foule. Les officiers municipaux délèguent alors deux des leurs, MM. Goux et Sarran-Gramache, pour accompagner les meneurs et essayer de rétablir l'ordre.

Arrivés au lieu de Goux,

« Ils ont trouvé trois charrettes occupées à transporter le bled à la rivière de Garonne dans le bateau de Guillaume Casse, de Laspeyres, envoyé par le sieur Vergnes, négociant de Puymirol, à qui le sieur Grave l'avait vendu. Et s'étant présentés à celui-ci, ils lui ont représenté l'inconséquence de sa démarche et des suites qu'elle pouvait entraîner, surtout après la scène terrible et dangereuse du jour d'hier. Le sieur Grave a convenu qu'il n'avait pas fait cette réflexion et qu'il se croyait engagé à faire la livraison parcequ'il avait vendu son bled depuis quelque temps et qu'il avait même reçu du sieur Vergnes, comme à compte du prix, une somme de 1,224 livres ; que s'il s'était décidé à vendre son blé audit sieur Vergnes, c'était parceque plusieurs boulangers de cette

ville n'en avaient pas voulu ; mais qu'il consentait qu'il fut trans-
porté en cette ville pour apaiser le peuple ; que de suite le bled
avait été porté et déposé dans le bateau dudit Casse jusques à la
quantité de 180 sacs ; que le peuple qui les avait suivis et qui
était entré avec eux dans la maison du sieur Grave, ayant aperçu
un tas de seigle dans un coin du grenier, avait exigé que ce seigle
fut également embarqué. Mais le patron du bateau dudit Casse
ayant représenté que son bateau ne pouvait point le contenir sans
danger, alors le peuple s'est relaché de son insistance, sur la promesse que le sieur Grave a faite de le faire transporter demain en
cette ville, malgré qu'il l'eut vendu au sieur Pouyagut, marchand.

« Ledit sieur Grave a déclaré en outre qu'il avait dans ses greniers du millet en épi qui pouvait rendre à peu près soixante sacs
en grains, qu'il offrait de remettre le tout à la municipalité pour
être vendu aux marchés de cette ville. Que ce fait, le peuple a
voulu impérieusement emmener le sieur Grave, qui a été forcé
de céder à la violence qui lui était faite. Qu'en effet ils sont partis
et se sont rendus en cette ville au milieu des plus grands dangers,
surtout au passage de la rivière. Que là, certains quidams les
avaient insolemment maltraités en paroles et en menaces. Que
parvenus dans la ville, ils avaient rencontré de plus grands obs-
tacles et de plus grands dangers encore, toutes les rues étant
obstruées d'une foule qui grossissait à tous les instants ; qu'enfin
ils sont parvenus à introduire le sieur Grave dans sa maison [1]. »

Une forte indemnité était due au sieur de Grave. Elle lui
fut octroyée par les soins de Lamouroux. Dès qu'il eut repris
la direction de la mairie d'Agen, ce dernier s'entendit, en
effet, avec le Conseil du département pour que le blé, qui
avait été vendu au sieur Vergnes et retenu induement par
la ville le 5 mars dans la maison des ci-devant Tierçaires,
lui fut restitué sous bonne escorte, et que le sieur de Grave
fut indemnisé du préjudice qui lui avait été causé. Bien plus,
en séance du 15 mars, il obtint « que les nommés Philippe

---

[1] Archives municipales, Reg. des délibérations de la Commune.

Tastet, demeurant au Passage, Massoulès, cordonnier, rue
des Traverses, Dansalombre, rue Bourrou, et les femmes
Cruzelle, rue Saint-Jean, La Delacène, près les Orphelines,
la femme de Martin Bierre, dit Dragon, au Passage, lieu de
Commarque, La Soulère, épouse de Bardaut, audit Passage,
et La Bertelone, à la porte Saint-Antoine, accusés par la
rumeur publique d'avoir été à la tête de l'insurrection, seraient désignés à Monsieur l'accusateur public, afin qu'ils
fussent punis comme ils le méritaient [1].»

Enfin Lamouroux se fit donner par le département la
somme de 1,500 livres, avec laquelle il put pourvoir aux
besoins immédiats de la classe nécessiteuse et arrêter que
« cette somme, jointe aux fonds de charité déjà ramassés,
serait employée à maintenir aux pauvres le pain à 44 deniers
la livre. » Ce qu'ils demandaient. Mais, consulté par le département si on pouvait compter sur la force publique de la
ville d'Agen pour l'exécution de la loi, il répondit: « qu'il
se voyait avec peine obligé d'avancer qu'on ne pouvait pas
compter sur elle, toutes les fois qu'il s'agirait de subsistances [2]. »

L'orage était passé. Malgré toutes les craintes que l'on
pouvait avoir, il ne revint pas, grâce aux mesures de prudence prises par le Maire d'Agen, à sa fermeté, à sa popularité, à sa constante sollicitude pour les intérêts de ses concitoyens.

Aussi les derniers mois de son administration ne furent-ils
marqués par aucun incident local, de l'importance de ceux
qui précèdent. Signalons néanmoins quelques arrêtés intéressants pris par lui à cette époque.

Le 24 mars 92, sur le rapport de Claude Lamouroux,

---

[1] Archives municipales d'Agen. Reg. des délib. de la Commune,
Séance du 15 mars 1792.
[2] Idem.

4

maire, il fut décidé qu'on vendrait au Directoire du département, pour qu'il fût fait par lui un dais à la Cathédrale, à l'usage de l'évêque constitutionnel, Constant, les huit anciennes robes consulaires, de damas, « partie de blanc et de noir, » ainsi que les chaperons de même couleur et de même étoffe. Le prix se monta à la somme de 750 livres[1].

Quelques jours auparavant, Lamouroux avait, à force de diplomatie, apaisé la corporation des bouchers d'Agen, qui menaçaient de ne plus continuer leur métier. Puis, sur la demande du sieur Ratier, procureur de la Commune, en remplacement du sieur Sarrazin, démissionnaire le 2 avril, qui voulait que des mesures de rigueur fussent prises contre les négociants et marchands non pourvus de patente, Lamouroux s'interposa et refusa de s'associer à cette demande, « attendu, dit-il, qu'il est du caractère du Corps municipal d'employer au préalable la voie de l'invitation paternelle pour rappeler les citoyens à l'observation de la loi[2]. »

Cette phrase dépeint à elle seule tout le caractère de l'homme, à qui les habitants d'Agen durent de pouvoir, sans secousses trop grandes et surtout sans effusion de sang, traverser les heures les plus mauvaises de la Révolution.

En même temps qu'il cherchait par tous les moyens à calmer les agitations des meneurs et à éviter les mesures de rigueur demandées par les plus exaltés, Lamouroux était bien forcé, pour des questions relativement secondaires, de faire au parti Jacobin quelques unes des concessions qu'il ne cessait de réclamer à hauts cris. C'est ainsi qu'il dut réorganiser dans un esprit plus républicain les cadres de la garde nationale, et, sur la motion de la partie la plus avancée du Conseil municipal, ordonner non seulement que les armoiries, qui décoraient encore le seuil de quelques-

---

[1] Archives municipales d'Agen.
[2] Idem. Registre des délibérations du Conseil de la Commune.

unes des anciennes maisons nobles de la ville, seraient enlevées. et détruites, mais que les noms de toutes les rues, qui
rappelaient quelque souvenir religieux ou féodal, seraient
changés.

Dans la séance du 2 juin 92,

« le Conseil, considérant qu'il est de son devoir d'empêcher, autant
qu'il est en son pouvoir, que les mouvements de l'orgueil, de la
vanité, de l'ambition et généralement de tout ressouvenir, ne puissent dans aucune circonstance porter atteinte aux principes de
la Constitution en en contrariant l'esprit, arrête que les rues de la
ville d'Agen ne porteront plus de nom propre, ni de ceux qui rap-
pelleraient des corps que la nation a trouvé convenable de détruire, ou des états auxquels elle a trouvé à propos d'apporter
quelques modifications. En conséquence, il charge MM. Lamouroux,
Ratier, Lanes et Lasserre de préparer un rapport à cet égard. »

Le rapport fut déposé le 12 juin et adopté. Il proposait
les changements suivants :

NOMS ANCIENS	NOMS NOUVEAUX
Place du Palais,	Place de la Loi.
Rue des Prisons,	Rue de la Loi.
Rue des Augustins,	Rue des Amis de la Constitution.
Rue Maillé ou des Jésuites,	Rue de la Liberté.
Rue Saint-Gilis,	Rue de l'Egalité.
Place Paulin,	Place des Droits de l'homme.
Rue Paulin,	Rue des Droits de l'homme.
Rue des Prêtres,	Rue Civique.
Place des Jacobins,	Place Electorale.
Rue des Jacobins ou Londrade,	Rue Electorale.
Rue de l'Ave Maria,	Rue de l'Union.
Rue Roussanes,	Rue du Mérite.
Rue des Juifs,	Rue de la Fraternité.
Place des Grands Carmes,	Place Nationale.
Rue Bézat,	Rue 1789.
Rue Lalande,	Rue de la Révolution.
Rue Jean Bayle,	Rue l'Oiseau.

Rue Traverse ou Courpet,	Rue Traverse.
Cul de sac de la Courtine,	Cul de sac des Arènes.
Rue Floirac,	Rue Constitutionnelle.
Rue Molinier,	Rue Patriotique.
Rue Publique,	Place du Grand Marché.
Rue de l'Evêché ou des Prêtres,	Rue Ça Ira.
Carrerot de la Reine,	Place de la Maison Commune.
Rue Trou des Chiens,	Rue du Rempart.
Rue Marmande,	Rue Saint-Martial [1].

Vers la même époque, le 10 juin, le Conseil distribua le territoire de la municipalité entre douze gardes champêtres, qui furent chargés du soin de surveiller les propriétés et d'arrêter les maraudeurs. En même temps le Maire prescrivait, au moment des chaleurs, la plus grande propreté dans les rues, et ordonnait que tous les ruisseaux, gourbauts et aqueducs fussent nettoyés avec le plus grand soin.

Lamouroux organisa et présida la fête patriotique qui fut donnée, le 14 juillet de cette année 1792, sur l'esplanade du Gravier, à l'occasion du renouvellement du serment fédératif. Deux députés de la Commune nommés en Conseil général et un député par cent citoyens le prêtèrent entre les mains du président du district. Le maire reçut, lui, le serment de tous les citoyens de la municipalité, ainsi que de tous les officiers et de tous les soldats du 7e régiment de ligne, dit de Champagne, qui tenait garnison à Agen. Immédiatement après, la municipalité fit planter au milieu du Champ de Mars l'arbre de la liberté, « qui était un peuplier d'Italie, surmonté du bonnet, symbole antique de la liberté, lequel était en fer blanc, peint en rouge [2]. » De grandes réjouissances suivirent cette cérémonie.

---

[1] Archives municipales. Registre des délibérations de la Commune, p. 133.

[2] Idem. Voir aussi Proché.

Ce fut la fin des fêtes publiques, des illusions dont se berçaient encore quelques esprits généreux, comme Claude
Lamouroux. L'ère des grands malheurs allait commencer,
et avec elle le désenchantement, les mesures vexatoires, la
suspicion, la Terreur. Le 18 juillet, ordre est donné à la municipalité d'Agen par le Pouvoir Exécutif, d'avoir à afficher
partout des placards portant que la Patrie est en danger.
En même temps doivent être visitées toutes les maisons de
ceux qui détiennent des armes ou des munitions, et auxquels
il est fait défense expresse de les vendre ni livrer à qui que
ce soit [1].

Le Conseil Général de la Commune décide que, vu l'im-
minence du péril, il demeurera en permanence et sera toujours composé nuit et jour d'un officier municipal et de deux
notables. Il ne se passa pas de jour, en effet, pendant les six
mois qui vont suivre, où Claude Lamouroux ne se crut obligé
de rester de longues heures à la maison Commune, sacrifiant
ainsi, pour ses devoirs de citoyen, ses intérêts privés, ses
affections les plus chères. Que de mesures vexatoires il sut
empêcher ! Que de citoyens, à qui il évita, en leur octroyant
généreusement des certificats de civisme, la détention et
peut-être la mort !

C'est en effet le moment où, à Agen, comme dans toutes
les villes de France, on commença à faire courir des listes
de personnes suspectes, où beaucoup d'entre elles songèrent
à émigrer, où d'autres furent enfermées dans les maisons de
réclusion. Vainement la municipalité cherchait à atténuer
les choses. Elle était débordée par les exigences des clubs
révolutionnaires et maintes fois obligée de se courber sous
le joug de la Société Populaire. C'est ainsi que les ci-devant
nobles furent enfermés à l'ancien collège des Jésuites, près
la Grande-Horloge; les prêtres suspects au couvent de Pau-

---

[1] Archives municipales. Reg. des délib. de la Commune, p. 133.

lin; les femmes même et les anciennes religieuses à la manufacture Delas. Les passeports se font plus rares. Les lettres sont interceptées. C'est l'heure des visites domiciliaires,
des vengeances particulières, des dénonciations, de la peur !
Le 8 septembre, un bataillon des volontaires de La Rochelle
étant de passage à Agen, quelques uns de ces jeunes gens se
permirent d'enlever le carcan qui se trouvait encore sur la
place du Marché, de le porter à la rivière, et d'y substituer
un arbre avec les couleurs nationales. Ayant en même temps
insulté plusieurs citoyens, de nombreux groupes se formèrent
qui résolurent de les châtier comme ils le méritaient. Les
deux partis allaient en venir aux mains, lorsque la municipalité, prévenue à la hâte, manda le commandant du bataillon
des volontaires, et requit en même temps cinq compagnies
de grenadiers de la garde nationale. Lamouroux lui reprocha énergiquement de ne pas tenir ses hommes et d'avoir
toléré de pareils désordres. Celui-ci répondit que « bien qu'il
fut fort éloigné de louer leur conduite, il assurait que ses
troupes étaient incapables de troubler la tranquillité des
citoyens. » Tous deux sortirent pour aller au devant du peuple. Là, des excuses furent faites; les torts réciproques furent reconnus ; et les volontaires des deux villes se donnèrent le baiser de paix et firent le soir patrouille ensemble [1].
C'est, on le voit encore, grâce à l'énergie, en même temps
qu'à la constante sollicitude de Lamouroux, que l'effusion
du sang fut, ce jour là, une fois de plus évitée dans Agen.
Mais les exigences du parti révolutionnaire s'imposaient
chaque jour davantage. Sous sa pression, le Conseil décida
qu'on planterait deux peupliers d'Italie dédiés à la Liberté
et à l'Egalité, un sur la place du Marché, l'autre sur la
place de la Loi, surmontés chacun d'un bonnet phrygien;
et qu'on ferait enlever, sans plus tarder, tous les insignes

---

[1] Archives municipales. Idem, 3ᵉ rég. p. 30 et suiv.

nobiliaires encore existants, notamment la litre qui entourait l'église des Cordeliers. De plus, furent visités, désarmés et emprisonnés tous les citoyens suspects, et interdites les sonneries des ci-devant églises, sauf toutefois « la sonnerie de midi à la Cathédrale et à la Chapelle, comme utile aux travailleurs. »

Le 30 septembre 1792, on afficha à Agen le décret de la Convention nationale, abolissant la Royauté et proclamant la République. La municipalité, le maire en tête, jura d'être fidèle à la nation et de maintenir de tout son pouvoir la Liberté et l'Egalité ou de mourir à son poste. Neuf jours après, arrivèrent à Agen trois Commissaires délégués par la Convention nationale. Le Conseil leur envoie une députation de douze membres « pour leur témoigner la satisfaction de la récompense donnée à leurs talents et à leurs vertus », ainsi qu'une garde d'honneur permanente.

Enfin, après une absence de quinze jours (du 20 octobre au 6 novembre), Lamouroux revint pour préparer les nouvelles élections municipales, ordonnées par la loi, et prendre les dernières mesures générales en vue d'assurer l'ordre ce jour-là, avant de quitter définitivement la Mairie d'Agen.

Tous les corps constitués furent en effet soumis à réélection au commencement du mois de décembre 1792. Le 2, sous la présidence de Lamouroux, les assemblées primaires élurent deux juges de paix : ce furent Lacuée père, pour la section de la maison commune, et Lafougère, avoué, pour celle de l'hôpital Saint-Jacques. Elles leur adjoignirent six assesseurs et un greffier pour chacun d'eux.

Enfin, le 9 décembre, on procéda aux élections municipales, et d'abord à celle du Maire. Au premier tour de scrutin, Charles Marie Lafont du Cujula réunit 314 suffrages, qui était la pluralité absolue. Il fut élu maire de la ville d'Agen.

Le même jour furent nommés Antoine Barsalou aîné, fils de l'aîné, procureur de la Commune, et Raymond Noubel,

substitut dudit procureur. Plus onze officiers municipaux :
Boé, Chaubard aîné, Géraud, chirurgien, Menne, négociant,
Carrié; avoué, Fourès, Trénac, Delbourg, Leyniac, Eymond
et Bataille ; enfin vingt-quatre notables, à savoir : Bru-Lizié,
Brostaret, accusateur public, Gardette, avoué, Hébrard jeune,
négociant, Bory, président du tribunal criminel, Proché, instituteur, Garric père, du Passage, Cassaigneau, juge, Vivès,
négociant, Phiquepal, juge, Caminade jeune, cultivateur,
Laffite-Delrieu, cultivateur, Lannes, instituteur, Genevois,
cultivateur, Bergognié, juge, Constant, évêque, Lacuée, juge
de paix, Barsalou fils cadet de l'aîné, négociant, Caminade
aîné, cultivateur, Charrière, négociant, Malebaïsse second,
Mignot, Pélisson, prêtre, et Nolin, négociant [1].

Le 14 décembre 1792, Claude Lamouroux réunit et présida pour la dernière fois le Conseil général de la commune
d'Agen. Il rendit compte des récentes opérations électorales,
installa la nouvelle municipalité, et transmit à son succes-
seur, Lafont du Cujula, l'écharpe aux trois couleurs qu'il
avait portée pendant treize mois.

Son rôle politique était fini.

Nous ne croyons pas trop nous avancer en affirmant ici
que ce fut avec un vrai soupir de soulagement, et au fond
de son cœur une véritable allégresse, qu'il se sentit à tout
jamais débarrassé du lourd fardeau des affaires publiques.
Tout le temps qu'il resta maire, il fut à la hauteur de sa tâche, toujours pénible, souvent périlleuse. Il ne faillit ni à
ses devoirs de citoyen, ni à la terrible responsabilité qui lui
incombait chaque jour. De telles épreuves usent vite un
homme, au moral comme au physique. Lamouroux se retira
très-fatigué, malade, et disons-le aussi, entièrement désillu-
sionné et déçu de ses premiers rêves. A d'autres plus jeunes et plus enthousiastes le soin désormais de prendre la

---

[1] Archives municipales. Rég. des délibér. de la commune p. 70.

direction du mouvement municipal et politique. Pour lui, il
était temps qu'il songeât à ses propres affaires, et qu'il se
remit à la tête de l'importante manufacture qu'il avait créée
et dont les résultats ne répondaient déjà plus aux espérances
et au succès des premiers temps. Sa nombreuse famille réclamait impérieusement aussi ses soins paternels, son aide,
ses conseils.

— La Révolution n'avait pas seulement bouleversé, dans
l'ordre politique et social, l'ancien régime. Ses effets se faisaient déjà sentir sur toutes les branches de l'industrie et
notamment sur le commerce. Avec l'abolition des corpora-
tions et la proclamation de la liberté du négoce individuel,
l'avenir semblait être réservé au plus audacieux comme au
plus intelligent. Doué de toutes les qualités nécessaires pour
réussir, Claude Lamouroux comprit qu'il devait profiter de
la nouvelle situation, et, en possession de la belle fortune
que peu à peu avaient si sagement amassée ses pères, il
songea à donner à son commerce une extension plus considérable encore. Trop à l'étroit dans la vieille maison de la
rue de l'Evêché, il résolut de monter sur un plus grand pied
la fabrique de toiles peintes ou d'indiennes qu'il avait établie
à Agen depuis déjà plus de quinze ans, et, à cet effet, il
acheta, pour l'y installer, tout l'ancien couvent des Petits-
Carmes, situé au faubourg Porte-Neuve. Il continua néanmoins de résider longtemps encore, avec sa famille, rue
Ça-Ira, où naquirent presque tous ses enfants.

La loi de l'Assemblée nationale, ayant ordonné, on le
sait, en 1791, la prise de possession par l'Etat de tous les
anciens couvents, celui des Petits-Carmes ne fut pas épar-
gné[1]. Les quelques religieux qui le composaient le quittèrent

----

[1] Voir dans notre ouvrage : *Les Anciens Couvents d'Agen avant
1789*, tome 1er p. 347 et suivantes, l'histoire du couvent des Petits
Carmes.

définitivement le 13 mai 1791, et dès la fin de l'année cet
immense emplacement était mis en vente. Il fut acquis une
première fois par un soumissionnaire le 29 novembre, moyennant la somme de 34,568 livres, 12 sols, 9 deniers; puis,
l'affaire n'ayant pu se conclure, il devint, pour la même
somme, le 30 mai 1792, la propriété définitive du sieur Cazac,
traiteur, qui acheta ainsi « la maison, église, jardin, pré et
toutes appartenances et dépendances des ci-devant religieux
Carmes Déchaussés, au faubourg Saint-Louis d'Agen [1]. »
C'est ce sieur Cazac qui, l'année suivante, 1793, revendit
tout l'immeuble avec ses jardins et dépendances à Claude
Lamouroux. Ce dernier le possédait en effet le 19 frimaire
an III (9 décembre 1794), puisque, deux mois avant, il avait
adressé une pétition au département « afin d'obtenir la vente
d'un petit terrain dépendant de l'hôpital de Las, qui lui serait
fort utile pour perfectionner sa manufacture d'indiennes. »
Et le département, par l'organe d'Isabeau, représentant du
peuple, s'empressa d'obtempérer à sa demande. « Attendu,
dit l'arrêté, que c'est pour y former un établissement utile et
propre à procurer de l'ouvrage à un grand nombre de familles. A Agen, ce 24 vendémiaire, an III. » Lamouroux paya ce
lopin de terre, attenant au ci-devant couvent des Petits Carmes, 1500 livres [2].

C'est chez Claude Lamouroux, dans sa maison de la rue
de l'Evêché, ancienne dépendance du palais épiscopal, que
descendit Monseigneur Jacoupy, lorsque, nommé par Napoléon, il vint pour la première fois à Agen prendre possession de son évêché, en 1802 [3].

C'est également chez lui, mais alors aux Petits-Carmes, que

---

[1] Archives départementales de Lot-et-Garonne. Registre 3 des
enchères des biens nationaux du district d'Agen, p. 43.

[2] Idem. Reg. 4, p. 3, n° 519.

[3] Tradition de famille.

neuf ans après, le 27 décembre 1811, logea Monsieur Valdec-Boudignon, colonel du 15ᵉ régiment de dragons, qui tint quelque temps garnison dans Agen.

D'abord très-prospère, grâce à l'intelligence de Claude Lamouroux et aux connaissances techniques qu'avait acquises dans la chimie son fils aîné Jean-Vincent Félix, associé de bonne heure à son industrie, la grande fabrique d'indiennes du faubourg Porte-Neuve, où travaillaient plus de cinq cents ouvriers, ne tarda pas à péricliter.

Dès 1805, en effet,

« il s'établit, nous dit un des fils de Claude [1], entre les fabriques de toiles peintes des départements du Nord et celles du Midi, une concurrence que le voisinage de la capitale, et sans doute aussi un plus grand degré d'instruction parmi les ouvriers, rendirent favorables aux premières. Claude Lamouroux fut un des premiers qui éprouvèrent les suites désavantageuses de cette lutte inégale. Il occupait dans ses ateliers un grand nombre de familles. Mais, ne voulant pas laisser trop précipitamment sans ressources ces hommes dont il était le soutien, il tint à continuer encore quelque temps un genre d'industrie qu'il avait créé dans son pays, et il ne se décida que trop tard, mais trop tard pour lui seul, à suspendre ses travaux. Après avoir fait honneur à tous ses engagements, il quitta les affaires en emportant l'estime générale, mais en sauvant à peine quelques débris de sa fortune.

C'est alors que fut vendue, le 19 novembre, 1807, à la famille de Sevin-Talives la grande et belle maison de la rue de l'Evêché, et que peu à peu Claude Lamouroux dut se dessaisir en faveur de ses créanciers de toutes les terres qu'il possédait autour d'Agen. Plus tard également fut ven-

---

[1] *Notice biographique de J. V. F. Lamouroux*, par son frère Jeannin. (Préface de la 2ᵉ édition du *Cours de Géographie physique*. Paris, Verdière. In-8ᵉ 1829.)

due la terre de la Lande. Mais elle ne changea de proprié-
taire qu'après la mort de Claude Lamouroux. D'abord indi-
vise entre tous ses enfants de 1821 à 1826, elle fut vendue
par adjudication, le 15 juin 1826, au sieur Couly, qui, moyennant la somme de 37.500 francs, l'acheta sous réserve de
command pour le compte de Jean-Pierre, Charles et Emilie
Lamouroux. (Etude Astié). Ceux-ci la gardèrent deux années
seulement, jusqu'au 16 octobre 1828, époque à laquelle
ils la vendirent à Mademoiselle Cominal (Etude Chaudordy).
Ce ne fut que le 19 juillet 1830, que la terre et le château
de la Lande passèrent des mains de cette dernière dans
celles de la famille de Bourrousse de Laffore qui les a
gardés jusqu'à ce jour.

Forcé de renoncer au commerce, comme depuis longtemps
déjà il avait renoncé à la politique, Claude Lamouroux ne
songea plus qu'à terminer ses jours dans une paisible et
très-modeste retraite, partagé entre les soins que réclamait
sa famille et ses goûts artistiques qui ne l'abandonnèrent
jamais. Il habitait alors l'ancien couvent des Petits-Carmes,
et il remplissait les fonctions de juge au Tribunal de Commerce d'Agen, lorsque, le 23 novembre 1810, eut lieu l'inau-
guration solennelle, comme Préfecture du département de
Lot-et-Garonne, du magnifique hôtel, bâti avant la Révolution par Mgr d'Usson de Bonnac, pour servir de résidence
aux Evêques-Comtes d'Agen. Le Préfet était M. de Ville-
neuve-Bargemont :

« Ce jour-là, nous dit une relation officielle, les habitants du
faubourg Porte-Neuve ont voulu célébrer l'époque qui place au
milieu d'eux un établissement utile et l'habitation d'un magistrat
chéri. Ils avaient orné de guirlandes les avenues de l'hôtel de la
Préfecture. Le bruit du canon signalait, dès le matin, leur impatience et leur joie. Aussitôt que Monsieur le Préfet se fut installé, *Monsieur Lamouroux, le père*, ex-maire d'Agen, ex-membre
du Conseil général du département, maintenant juge au Tribunal
de Commerce d'Agen, se présenta devant ce magistrat, à la tête de

la population du faubourg, qui l'avait choisi pour être l'organe de
ses sentiments, et lui dit :

« Monsieur le Préfet, les habitants du faubourg Porte-Neuve
s'empressent de vous témoigner la joie qu'ils ressentent de vous
voir habiter parmi eux. Interprète de leurs sentiments dans ce
jour solennel, débuterais-je par faire votre éloge? Eh ! cet éloge
n'est-il pas constamment dans toutes les bouches de vos adminis-
trés ?

« Il nous serait peut-être permis, en qualité de vos voisins,
d'invoquer maintenant d'une manière plus particulière votre bien-
veillance et votre faveur ; mais ce serait ignorer qu'un père doit
une égale tendresse à chacun de ses enfants.

« Nous nous bornons donc, Monsieur le Préfet, à ne vous parler que des vœux que nous faisons pour votre bonheur et celui de
votre respectable famille. Ces vœux sont sans nombre. Il se peut
néanmoins qu'un jour les voie tous remplis; mais ce qui, je
pense, ne sera jamais possible, c'est de voir votre élévation au-
dessus de votre mérite, de vos lumières, de vos talents et de vos
vertus.

« Monsieur le Préfet, ajoute la relation, ouvrit son cœur et son
hôtel à cette foule empressée, et l'accueillit avec cette affabilité
qui jette un jour si doux sur la dignité dont il est revêtu (*sic*) [1].

— Ce fut chargé d'années, comme son père Georges, à
l'âge de 79 ans, que mourut à Agen, le 26 septembre 1820,
Claude Lamouroux. Sa mort fut vivement ressentie, non-
seulement par sa nombreuse descendance qui l'assista à ses
derniers moments, mais aussi par la population entière de
la ville d'Agen. Il lui fut fait de belles funérailles ; et
toutes les feuilles de la région, voire même le *Journal de*

---

[1] *Journal de Lot-et-Garonne*, numéro du 28 novembre 1810. Voir
aussi : *Histoire de la Préfecture d'Agen*, par M. Alph. Paillard, ancien Préfet (*Recueil de la Société Académique d'Agen*, 2e série, T. Ier,
p. 95.)

Paris du samedi 7 octobre 1820, lui consacrèrent quelques lignes de souvenir.

Voici en quels termes émus s'exprimait le *Journal de Lot-et-Garonne*, dans son numéro du 30 septembre 1820 :

« Agen, 29 septembre.

« La ville d'Agen vient de perdre un de ses citoyens les plus recommandables dans la personne de Monsieur Claude Lamouroux, ancien négociant, décédé le 26 de ce mois, à l'âge de 79 ans. Il siégea dans les premières assemblées du Conseil général du département, et il fut porté par le choix de ses concitoyens aux fonctions de président du Tribunal de Commerce et de maire de la ville d'Agen. Son caractère était aimable et franc, son cœur plein de bonté, ses opinions sages et libérales. Il employa de grands capitaux et son industrie à l'établissement de manufactures qui fournirent longtemps du travail et du pain aux pauvres de la cité, et qui, après avoir servi moins à relever sa fortune que celle de quelques familles, ont perdu malheureusement toute activité. Les vastes édifices que Monsieur Lamouroux fit construire pour cet usage sont aujourd'hui distribués en plusieurs habitations particulières et font l'ornement d'un de nos faubourgs. L'ancien couvent des Petits-Carmes, qu'il habitait, est magnifiquement disposé pour le même emploi, ou pour une autre destination d'utilité publique que son heureuse situation semble appeler.

« M. Lamouroux cultivait avec honneur les beaux-arts et les lettres. Il était le doyen des membres de la Société d'Agriculture, Sciences et Arts d'Agen, dont il fut un des fondateurs. Il se délassait des opérations de son commerce par des études et des compositions musicales. Les premières lui ont dicté des *Mémoires sur l'art musical*, que l'Académie d'Agen a recueillis. Les secondes, exécutées dans nos fêtes nationales et religieuses, ajoutaient à leur solennité. Monsieur Lamouroux s'était livré avec beaucoup d'intérêt à un travail sur le 6e *livre de l'Enéide* : son objet était de prouver que Virgile avait voulu cacher dans les diverses circonstances de la descente d'Enée aux Enfers les principales épreuves que subissaient les initiés aux mystères d'Eleusis, et qu'on y reconnaissait même celles qu'on impose aujourd'hui aux néophytes de la Franc-Maçonnerie. Ce travail, fruit de recherches savantes et curieuses, a été honoré par d'illustres suffrages.

« Les heureuses qualités de Monsieur Lamouroux ont rendu sa perte regrettable à sa famille et à ses amis. Ses services publics et ses notabilités méritent également la manifestation des regrets de la cité. Nous annonçons avec plaisir que la Compagnie des Pénitents-Blancs, à laquelle Monsieur Lamouroux aimait surtout à consacrer ses œuvres musicales, se charge d'acquitter cette dette, que tous les bons cœurs s'empresseront de partager. »

Dispersés un peu partout, forcés de se partager et par suite de réaliser les dernières ressources qui restaient à leur père, les enfants de Claude Lamouroux s'empressèrent de vendre également la fabrique des Petits-Carmes, dont les ateliers étaient depuis longtemps déserts. La ville d'Agen cherchait précisément alors un local suffisant pour l'établissement d'une caserne. Elle jeta les yeux sur la manufacture d'indiennes et elle résolut de l'acheter. Les héritiers de C. Lamouroux acceptèrent son offre avec joie ; et, le 16 novembre 1821, ils vendirent à la ville d'Agen, moyennant la somme de 66,000 fr., payable en huit paiements successifs, l'immense local, bâti par leur père sur l'emplacement du couvent des Petits-Carmes, avec son vaste jardin et toutes ses dépendances [1]. Ce local a conservé depuis la destination qui lui fut alors donnée. L'ancienne manufacture d'indiennes est encore aujourd'hui la caserne des Carmes, ou plus militairement, la caserne Lacuée.

Plus tard, le souvenir de Claude Lamouroux était encore demeuré si vivace dans l'esprit des habitants d'Agen, sa mémoire restait tellement vénérée, qu'une des municipalités du gouvernement de Juillet songea à donner son nom à la rue qu'il avait habitée les derniers temps de sa vie. Sur la proposition du comte de Raymond, alors maire d'Agen, le Conseil municipal de cette ville décida, dans sa séance du

---

[1] Archives départementales de Lot-et-Garonne. Dossier Caserne d'infanterie.

15 février 1840, que la rue de Roques, au faubourg Porte-
Neuve, porterait désormais le nom de *rue Lamouroux.*

« C'est un hommage, écrivait officiellement le premier magistrat de la cité à M. Germain Lamouroux, le seul fils de Claude
qui restât alors à Agen, que nous avons voulu rendre tant aux
vertus privées et aux services publics de Monsieur votre père
qu'aux talents de Monsieur votre frère aîné. Je vous prie de communiquer cette décision à votre famille [1]. »

Malgré les vicissitudes politiques et les changements de
régime de toutes sortes qui ont bouleversé notre pays, aucune des nombreuses municipalités Agenaises, qui se sont
succédées au pouvoir depuis cette époque, n'a songé, même
à l'heure toute récente où viennent d'être changés les noms
de la plupart des rues d'Agen, à débaptiser la rue Lamouroux. Hommage que toutes ont voulu rendre à la mémoire
de Claude, et qu'elles sauront, c'est notre espoir, lui conserver à l'avenir !

— De son mariage avec Catherine Longayrou, Claude Lamouroux eut vingt-quatre enfants. Voici, par ordre de pri-
mogéniture, les noms des dix-sept inscrits sur les registres
de l'état civil d'Agen, ainsi que les dates des principaux
évènements qui ont marqué leur existence :

1. *Françoise-Marie-Rosalie,* née à Agen le 1er octobre 1772, mariée le 22 juin 1793 à *Louis Amblard* aîné,
morte à Agen le 20 mars 1849. Elle eut trois enfants :
Blaise, Vincent et *Chéri* Amblard, d'où sont descendus les
membres, actuellement existants, de la famille Amblard, et
notamment M. le docteur Louis Amblard, botaniste et
entomologiste, qui a hérité pour l'histoire naturelle du
goût de ses ancêtres, et sur le compte duquel nous revien-

---

[1] Archives de famille, en notre possession.

drons au chapitre suivant, au sujet de la correspondance de
J. V. F. Lamouroux avec M. de Saint-Amans.

2. *Marie-Thérèse-Sophie*, née à Agen le 5 octobre 1773,
mariée le 14 mars 1795 à *Pierre Lauzun* aîné, morte à Agen
le 31 janvier 1851. De son mariage naquirent deux enfants :
1° *Antonin*, ancien conseiller général de Lot-et-Garonne,
chevalier de la Légion d'honneur, qui fut la souche de la
famille Lauzun, actuellement existante ; 2° *Blanche*, qui
épousa son cousin germain *Chéri Amblard*, agronome distingué, et à ce titre, chevalier de la Légion d'honneur.

3. *N.*, née et morte le même jour, 7 décembre 1774.

4. *N.*, née et morte le même jour, 15 janvier 1776.

5. *Jeanne-Catherine-Victoire* née à Agen le 11 mars, 1777,
mariée le 19 janvier 1801 à *Michel Dumas-Lamothe*, morte
à Agen le 27 août 1859. Elle eut trois enfants : 1° *Cathe-
rine-Elisa*, qui épousa *Caprais Palisse*, d'où sont descendus
les membres actuels de la famille *Palisse*, et par alliance
ceux des familles de *La Bernardie* et *Balut* ; 2° *Eugène*,
docteur en médecine, mort sans postérité ; 3° *Georgette*,
qui épousa *Joseph Lacombe*, et d'où sont issus : 1° *Adrien*,
colonel du 30ᵉ rég. de dragons, et 2° *Eugène*, inspecteur de
l'enregistrement.

6. *Rosalie-Catherine-Lucie*, née le 22 mars 1778, morte
peu après.

7. *Jean-Vincent-Félix*, qui fut le premier enfant mâle, né
à Agen, le 3 mai 1779, marié à Caen, le 26 août 1818, à demoiselle *Félicité de Lamariouze*, mort le 26 mars 1825.
Professeur d'histoire naturelle à la Faculté de Caen et auteur
de nombreux ouvrages, nous nous étendrons longuement
au chapitre suivant sur sa biographie et sa bibliographie. Il
laissa un fils, *Claude-Louis-Georges*, né le 2 mai 1819, mort
en mer, aspirant de marine, le 29 novembre 1836.

5

8. *Georges*, né le 21 octobre 1781, mort peu après.

9. *Guillaume-Georges*, né le 12 août 1783, mort en 1790.

10. *Jeanne-Marie-Emilie*, née à Agen le 11 octobre 1785, morte, sans avoir été mariée, à Paris, en mai 1858.

11. *Françoise-Catherine-Victoire*, née le 28 mars 1787, morte en 1791.

12. *Joseph-Pierre-Germain*, né le 17 février 1790, mort le 10 février 1791.

13. *Jean-Pierre-Pethion* , connu sous le prénom de *Jeannin*, né à Agen le 12 février 1792, marié à Paris le 18 avril 1822 à demoiselle *Sophie Paganel*, mort à Paris le 17 janvier 1866. Docteur en médecine, botaniste célèbre, chevalier de la Légion d'honneur, il est l'auteur de nombreux ouvrages, sur lesquels nous reviendrons. De son mariage il eut trois filles : 1° *Mina*, mariée à M. Théodore Gœpp, ancien ministre plénipotentiaire, morte le 31 décembre 1889, et dont la fille unique, *Alice*, a épousé M. *Edouard Walbaum* ; 2. *Camille*, qui est la donatrice des papiers de sa famille, non mariée ; 3. *Maria*, mariée à M. *Félix Loisel*, morte le 7 septembre 1891.

14 *Jeanne-Catherine-Chloé*, née le 9 septembre 1793, morte le 11 août 1794.

15. *Joseph-Germain*, né à Agen le 8 mai 1795, non marié, mort à Agen, juge au tribunal de Commerce, le 11 avril 1854.

16. *Pierre-André-Charles*, né à Agen le 1er février 1798, marié à Paris, en 1826, à demoiselle *Rose Henriette Dumont de Ste-Croix*, mort à Constantine, chevalier de la Légion d'honneur et conseiller de Préfecture, le 10 mai 1877. Il a laissé deux enfants : 1. *Léopold*, ancien chef de bataillon, chevalier de la Légion d'honneur, né le 30 novembre 1826,

marié à demoiselle *Emma Le Vilain*, mort le 13 juillet 1892.
2. *Georges*, né en 1837, marié a *Adèle Leroy*, mort le 21
avril 1887. Il laisse un fils, *Léopold-Georges*, né le 4 août
1872, qui est le seul enfant mâle portant aujourd'hui le
nom de Lamouroux.

17. *Jeanne-Catherine-Mina*, née à Agen le 9 août 1800,
mariée le 28 décembre 1822 à *Jean Hippolyte Dulong*, morte
sans enfants, à Agen, le 19 septembre 1883 [1].

BIBLIOGRAPHIE DE CLAUDE LAMOUROUX

A part deux Mémoires *Imprimés* dans les tomes 1 et 2 du
Recueil de la Société d'Agriculture, Sciences et Arts d'Agen,
Claude Lamouroux n'a laissé que des manuscrits.
Ces deux Mémoires sont :

1. *Mémoire sur la Prosodie Musicale*, lu aux séances des
6 floréal et 4 prairial An XIII de la Société Académique
d'Agen, et inséré dans le tome 1er du Recueil de ses travaux
(Agen, An XIII, (1804,) page 159 à 188.) Ce n'est que le résumé d'une partie du manuscrit dont nous parlerons à la suite.

2. *Essai sur la Composition de la Musique*. Résumé également du gros manuscrit que nous étudierons, et inséré
dans le tome II, pages 381-390, du même recueil. (Agen,
1812).

Nous divisons le reste des travaux de Claude Lamouroux,
restés à l'état de manuscrits, en manuscrits *littéraires* et
manuscrits *musicaux*.

---

[1] Nous donnons, à la fin d'un très-petit nombre d'exemplaires
de notre tirage à part, et destiné uniquement aux membres de la
famille, le tableau généalogique complet de la descendance de
Claude Lamouroux jusqu'à nos jours.

1. — MANUSCRITS LITTÉRAIRES

1. *Le Faucon.* Comédie en deux actes, en prose, mêlée de musique.

Cahier, petit in-4°, de 37 pages.

Ce n'est que le libretto, composé par Claude Lamouroux, d'une œuvre dont la partie musicale, également composée par lui, a disparu. Il lui avait été inspiré par le charmant conte de Boccace, et après lui, par celui de Lafontaine. Le dialogue est en prose. Les couplets, très-joliment tournés, sont en vers libres.

Cette pièce fut lue, le 5 février 1776, à la deuxième séance de la Société d'Agen, dont son auteur fut, ainsi que nous l'avons dit, un des membres fondateurs. Elle y obtint un réel succès [1].

Le manuscrit en a été remis à la bibliothèque des Archives départementales de Lot-et-Garonne. Don de Mademoiselle Camille Lamouroux.

2. *Enée aux Enfers,* ou « *Notre réception comparée à la descente d'Enée aux Enfers par Virgile.* » Opuscule destiné à faire partie d'un grand ouvrage qui aura pour titre : « Identité des Mystères anciens et modernes. »

Cahier, petit in-4°, de 30 pages.

Œuvre bizarre, citée précédemment par la notice nécrologique du *Journal de Lot-et-Garonne,* et où l'auteur « a voulu prouver que Virgile a fait lui-même, il y a dix-huit siècles, une relation exacte, quoique voilée, des cérémonies de réception des maîtres francs-maçons ; et, contredisant Delille, a cherché à démontrer l'identité des deux initiations ancienne et moderne. »

---

[1] Premier cahier des procès-verbaux des séances de la Société (1776). Voir notre travail sur les *Manuscrits de la Bibliothèque de Saint-Amans.* (In-8°. Agen. 1889, p. 42.)

Aux archives départementales de Lot-et-Garonne. Don de Mademoiselle C. Lamouroux.

3. *L'Ombre de Palissy*. Cahier petit in-8°, de 11 pages.

Dialogue philosophique entre l'auteur et l'ombre de Palissy. Invocation à l'illustre potier. Discussion sur le mérite personnel et les œuvres de la plupart des Agenais illustres, les deux Scaliger, Florimond de Raymond, Théophile de Viaud, Régis, Mascaron, Claude Joly, etc. Palissy prédit l'ère de liberté où viendront briller toutes les lumières, éclore toutes les sciences.....

Aux archives départementales de Lot-et-Garonne. Don de Mademoiselle C. Lamouroux.

4. *Le Couronnement de Joas*. Oratorio. Cahier petit in-4°, de 8 pages.

C'est le libretto, composé en vers libres par C. Lamouroux, d'une œuvre dont la musique a été perdue.

Aux Archives départementales. Don de Mademoiselle C. Lamouroux.

5. *Ode sur le Commerce*. Pièce de vers, lue à la séance du 13 juin 1776 de la Société des Sciences, Lettres et Arts d'Agen (1re année)[1]. Manuscrit perdu.

6. *Arbace, satrape de Sémiramis, à Philoastre, Chaldéen.* Ouvrage lu, en avril 1784, à une des séances de la même Société[2]. Manuscrit perdu.

7. *Précis historique sur les Etats-Généraux et sur les Assemblées de notables qui ont eu lieu en France depuis*

---

[1] Registre, malheureusement perdu, des premières séances de cette Société. (Autrefois à la bibliothèque de S. Amans.)
[2] Recueil de la Société académique d'Agen, Tome I. p. 8.

l'établissement de la monarchie. Ouvrage lu, en janvier 1787, à la même Société [1]. Manuscrit perdu.

8. *De l'utilité d'un ami, censeur sévère de nos écrits.* Ouvrage lu, en juillet 1788, à la même Société [2]. Manuscrit perdu.

II. — MANUSCRITS MUSICAUX.

1. *Mémoire sur la Prosodie Musicale.* Manuscrit grand in-4°, dont nous possédons, avec quelques-unes des œuvres musicales de Claude Lamouroux, la première rédaction.

Dans ce mémoire, résumé, ainsi que nous l'avons dit, par son auteur et publié dans le tome 1er du Recueil de la Société académique d'Agen, Claude Lamouroux expose tout d'abord le but qu'il poursuit et divise son travail en trois parties : « La première traite du rhythme musical ; la seconde de la prosodie et de la versification française ; la troisième de la prosodie latine. » Très-technique, ce travail. dont la théorie était alors nouvelle, fut accueilli avec grande faveur par les collègues et les contemporains de Claude Lamouroux. Il sert en quelque sorte d'instruction à un ouvrage plus considérable encore qu'il composa peu de temps après, et qui a pour titre :

2. *Essai sur la Composition de la musique, suivi d'un traité sur la Prosodie musicale française et latine, d'un abrégé des principes de la musique vocale, et d'un vocabulaire musical, italien-français. 1808.*

Gros cahier in-4° de 2l3 pages. (Manquent les feuilles 19 à 35). Admirablement écrit, avec de nombreuses phrases musicales à l'appui.

---

[1] Recueil de la Société académique d'Agen. Tome 1, p. 11.
[2] Idem. p. 14.

Ce manuscrit considérable contient d'abord un *Discours préliminaire*. Puis il est divisé en six parties qui traitent :— 1re partie: De l'harmonie simple et de la théorie des accords (p. 1 à 37). — 2e partie : Du dessin, sujet, motif, mode majeur et mode mineur, rhythme, mélodie, accompagnement récitatif, etc. (p. 37 à 100).— 3e partie : De la prosodie musicale française et latine (p. 100 à 149).— 4o partie : Principes de musique vocale (p. 151 à 168) . — 5o partie : Abréviations usitées en musique, avec leur explication (p. 168 à 170) ; — 6e partie : Vocabulaire musical, Italien-Français, (p. 171 à 193). — 7e Table des matières.

Ainsi que nous l'apprend une note volante, insérée dans ce manuscrit, ce remarquable travail de Claude Lamouroux fut présenté par son fils J.-V Félix à l'Institut, vers le milieu de l'année 1809. Il fut nommé une commission pour en faire le rapport, et Monsieur Framery, qui fut désigné comme rapporteur, s'exprima en ces termes :

Il y a dans l'ouvrage de M. Lamouroux de trop excellentes choses pour qu'elles n'obtiennent pas grâce en faveur de celles qui le sont moins, qu'on pourrait regarder comme fautives, ou qui sont au moins contestables. C'est ce qui m'a engagé à ne pas en faire un rapport public, ni même pour la classe des beaux-arts . Il n'aurait pu être aussi favorable que je l'aurais désiré par égard pour un si estimable amateur. Mais pour justifier mon silence aux yeux de M. Lamouroux fils, j'expose ici, en peu de mots, une partie des observations que j'ai faites sur le travail de son père, et je prierai M. Le Breton, secrétaire perpétuel de la classe des Beaux-Arts de l'Institut, de vouloir bien le lui communiquer.

« Comme la préface de cet essai contient le plan que l'auteur a voulu suivre, c'est aussi cette préface que je prendrai comme sujet de ces observations :

« La musique, dit Monsieur Lamouroux, est peut-être l'un des arts sur lesquels il a paru le moins d'ouvrages classiques ; ce n'est que depuis quelques années qu'on les voit se multiplier. Je crois qu'il serait plus exact de dire : La musique est peut-être l'un des arts sur lesquels il a paru le plus d'ouvrages classiques, sans qu'on soit encore parvenu à en fixer les principes d'une manière incontestée. Depuis Rameau, qui a établi le système de la base fondamentale, vrai pour le fonds, mais dont il a tiré des conséquences fausses, il a paru des traités de d'Alembert, de Roussier, de Béthisy, de Feytou, qui admet le principe, c'est-à-dire l'usage de ramener tous les accords à l'ordre direct, mais qui condamne la marche que les autres prescrivent. Il a paru encore d'autres systèmes de théorie, ceux de Jamard, de Ballière, de ce même abbé Feytou. Les idées de Rameau ont été combattues dans la nouvelle Encyclopédie. Elles ont été non combattues mais désapprouvées par Rousseau, quoiqu'il les ait prises pour bases. Depuis, ont paru Monsigny, dont l'ouvrage est un tissu de folies, et plusieurs autres ; jusqu'à ce que le jeune Catet ait porté dans l'étude de l'harmonie et de la composition une justesse, une précision, une clarté, une simplification, qui détruisent de fond en comble tout ce qu'on avait écrit avant lui sur ces matières. A quoi servirait donc l'essai de Monsieur Lamouroux qui n'a fait que répéter (à quelques erreurs près) tout ce qu'on avait dit avant lui ? Le système de Rameau est tombé en discrédit ; croit-on pouvoir le relever ? M. Lamouroux ajoute : « Toutes ces nouvelles méthodes ont-elles fait faire un pas de plus à la science ? L'enseignement en est-il plus facile ? » Oui, je pense que la méthode adoptée par le Conservatoire a ces deux avantages que n'obtiendrait pas l'essai de M. Lamouroux.

« On peut encore reprocher à cet essai de n'être pas fait d'une manière assez élémentaire. On y parle à l'élève de corps sonore, de douzième, de dix-septième, choses qu'il peut bien ne pas connaître, sans lui expliquer ce que c'est, sans lui dire, par exemple, pourquoi le corps sonore rend la douzième octave de la quinte, plutôt que cette quinte même, etc.

« Mais si cet ouvrage me paraît suranné, par conséquent inutile comme traité de composition, je n'ai pas la même idée du traité de prosodie qui le termine, que je voudrais voir publié à part, et qui ne saurait, à mon avis, être assez médité par les musiciens, qui, aujourd'hui, n'ont presque plus d'idée de prosodie, et surtout par les poètes qui ne font rien pour la rendre facile aux musiciens. Il faudrait même l'apprendre au public qui a entièrement perdu l'habitude de la voir respectée et de la désirer. Cette tâche

serait plus neuve et plus digne des talents de Monsieur Lamouroux. »

Aux Archives départementales de Lot-et-Garonne. Don de
Mademoiselle C. Lamouroux.

Claude Lamouroux résuma également plus tard cet ouvrage considérable, auquel il avait consacré une grande partie
de son existence; et, ainsi que nous l'avons dit, il le communiqua à la Société Académique d'Agen, qui le publia dans le
Tome ii de son Recueil, page 381-390, année 1812. Nous possédons, quant à nous, une volumineuse liasse de ses premiers
brouillons, ainsi que de nombreuses notes et de très-inté-
ressants exemples musicaux que l'auteur cite à l'appui de sa
thèse. Ces précieux manuscrits viendront plus tard s'ajouter,
dans les rayons de la bibliothèque départementale, à ceux
donnés actuellement par Mademoiselle C. Lamouroux.

Claude Lamouroux composa, en dehors de ses théories
musicales, de nombreux morceaux, qui ne furent jamais
imprimés, mais dont nous avons retrouvé la plupart des
manuscrits dans nos papiers de famille. Oratorios, drames
lyriques, symphonies, orchestres, morceaux patriotiques,
mais principalement chants religieux , ils furent joués de
son vivant, « *souvent avec succès* » écrit sur l'enveloppe
une main inconnue, soit à l'occasion de fêtes publiques, soit
dans les différentes églises de la ville, et notamment à la
chapelle des Pénitents-Blancs, à la confrérie de laquelle était
particulièrement attaché leur auteur. Nous citerons dans le
nombre, comme les ayant en notre possession :

Première Invocation à l'amitié. Symphonie pour plusieurs voix, paroles du citoyen Noubel, musique de Claude
Lamouroux. In-4° de 13 pages.

Seconde Invocation à l'amitié. Symphonie avec quatuor
et chœur. Paroles du quarteto par Bernard, celles du chœur
par St-Amans. Musique de Claude Lamouroux. In-4° de
23 pages.

Première symphonie à grande harmonie. In-4° de 26 pages. Remarquable.

Deuxième symphonie à grande harmonie . (Note : Non encore exécutée : Ce premier morceau peut servir de marche funèbre). In-4° de 23 pages.

A la Terreur. Symphonie et chœur, pour violon, hautbois, alto, violoncelle et chant. Vers patriotiques et religieux. In-4° de 40 pages.

Sit Laus Plena. Marche et chœur à quatre parties. In-4° de 6 pages.

Lauda Sion Salvatorem. Chœur sans accompagnement à quatre parties. In-4° de 4 pages.

Ecce panis . Trio. In-4° de 5 pages.

Deux Noëls . Paroles et musique de C. Lamouroux.

Deux Tantum Ergo . Chœur à trois voix.

Sancta Maria : Chœur à trois parties.

Sacris Solemniis . Chœur à trois parties.

Motet pour l'Ascension de la Vierge . Duo et chœur.

Que l'Eternel soit chanté . Chœur avec accompagnement d'orchestre. In-4° de 26 pages.

Plus, diverses *Marches, Chœurs, Adagios, Allegretos, Andante religieux,* etc., etc.

C. Lamouroux aurait composé en outre, nous dit M. J. Andrieu dans sa *Bibliographie générale de l'Agenais,* [1] « un *Te Deum* remarquable, qui paraît être entièrement perdu. » Malgré nos plus minutieuses recherches, nous n'avons pu retrouver ce morceau, qui manque en effet à notre collection des œuvres musicales de Cl. Lamouroux.

---

[1] Tome II, p. 42. Art. Lamouroux.

Dessin à teinte d'apres le Dessin Original de Colman par Ambroise Tardieu.

Phot. Ph. LAUZUN   Imp. Phot. ARON Frères. Paris.

J. V. FÉLIX LAMOUROUX

JEAN-VINCENT-FÉLIX LAMOUROUX

(1779-1825)

Deux fois a été écrite, avant nous, la biographie de Jean-Vincent-Félix Lamouroux : une première fois, par son frère Jeannin, en tête de la seconde édition du *Cours élémentaire de Géographie physique* [1]; et, presque en même temps, par un de ses collègues, M. Eudes-Deslongchamps, dans les Mémoires de l'Académie royale des sciences, arts et belles-lettres de Caen [2]. Tous deux élèves, collaborateurs et amis dévoués de l'illustre naturaliste, ils ont pu, ayant fréquenté de bonne heure sa société et ses leçons, apprécier à leur juste valeur, mieux que tout autre ne pourrait le faire, les talents éminents en même temps que les qualités exquises dont était doué le fils aîné de Claude. Ce sera donc une bonne fortune pour nous que de faire, dans le récit qui va suivre, un large emprunt à leurs deux notices

----

[1] Paris. Verdière, 1829.
[2] *Notice sur la vie et les ouvrages de M. J.-V.-F. Lamouroux, professeur d'histoire naturelle à l'Académie de Caen, correspondant de l'Institut de France, membre de plusieurs sociétés savantes.* Caen, 1829. Chalopin, imp. de l'Académie.

biographiques et bibliographiques. Nos lecteurs jugeront
mieux ainsi de quelle estime, de quel respect, de quelle autorité dans le monde savant de son époque, était entouré
Jean-Vincent-Félix Lamouroux.

« L'histoire des hommes paisibles et laborieux, écrit M.
Eudes-Deslongchamps, qui consacrèrent leur vie aux sciences, est
rarement féconde en évènements qui excitent la curiosité de la
multitude. Pour la postérité, leur histoire est tout entière dans
leurs ouvrages. Il suffirait peut-être de rappeler que le savant
distingué que nous regrettons consacra son existence à l'étude ;
qu'il n'eût d'autre ambition que celle de reculer les bornes d'une
science qu'il chérissait, de s'y faire un nom et de se concilier l'estime et la considération de ceux qui savent les accorder aux travaux utiles ; qu'il sut inspirer le goût et l'amour des sciences
naturelles ; et qu'il accueillit, encouragea, aida ceux qui s'y li-
vraient. A ce portrait on reconnaîtra celui que nous avons perdu.

« Tel fut, en effet, M. J.-V.-F. Lamouroux. Savant modeste et laborieux, professeur habile, ami sincère et dévoué, bon
époux, bon père, sa mémoire, chère à sa famille, à ses amis, à ses
élèves, vivra autant que la science qu'il cultivait et qu'il sut enrichir de nombreux ouvrages. Mieux que les éloges, ces ouvrages,
dont plusieurs ont fait époque, fixeront à jamais la place qu'il doit
occuper parmi les hommes qui ont bien mérité des sciences naturelles. »

Jean-Vincent-Félix Lamouroux naquit à Agen, le 3 mai
1779. Il était le premier enfant mâle de Claude Lamouroux,
qui avait eu déjà six filles. Aussi sa venue fut-elle accueillie
par lui avec la plus vive allégresse.

« Doué d'une santé difficilement altérable, nous apprend son
frère Jeannin, d'une vivacité extraordinaire, même sur les bords
de la Garonne, un peu gâté sans doute par l'amour trop indulgent
de ses parents, qui pendant longtemps n'eurent que lui de fils, le
jeune Félix Lamouroux se fit remarquer de bonne heure par ses
nombreuses espiègleries. Il se fit également distinguer par son
extrême facilité à apprendre. Mais si ses maîtres eurent souvent
à se louer de ses heureuses dispositions, souvent aussi ils eurent

à se plaindre de ses tours d'écolier. Au reste nous ne parlerions point ici de cette malicieuse pétulence, si elle n'était à nos yeux le résultat de la même faculté instructive qui plus tard détermina cette aimable gaieté et cet esprit de saillies, partie essentielle de son caractère.

« Il avait à peine onze ans, quand ses parents le retirèrent du collège, à une époque où, pour tout reconstruire en France, on commençait par tout démolir. Déjà capable de traduire Horace, il aurait pu trouver dans son père un guide éclairé ; mais les affaires de son commerce absorbaient tous les moments de ce dernier, et, pendant près de deux ans, Lamouroux abandonna toute espèce d'étude sérieuse. Courir, sauter, nager, grimper sur les arbres furent ses seules occupations , à un âge où la curiosité, le besoin de connaître, faculté distinctive de l'intelligence humaine, nourrie par une sage éducation, pouvait conduire aux plus heureux résultats une organisation aussi privilégiée que la sienne... Son père pensa donc que Félix, qu'il destinait au commerce, pouvait sans inconvénients négliger ses études ; peut-être même espérait-il lui épargner par là les désagréments qu'il éprouvait lui-même. Une belle écriture paraissait alors la qualité la plus indispensable à un négociant, et ce fut uniquement pour la lui faire acquérir que le jeune Lamouroux fut placé encore pendant deux ans dans une pension. De retour à Agen, presque entièrement maître de ses actions, quoiqu'il eut à peine atteint sa seizième année, il se fut sans doute exclusivement livré aux plaisirs bruyants de son âge, si son heureuse étoile ne lui eût fait connaître M. de Saint-Amans, déjà distingué comme philosophe, élégant écrivain, savant naturaliste, et dont il devint à la fois l'élève de prédilection et l'ami.»

C'est en effet à Florimond Boudon de Saint-Amans, nommé tout récemment professeur d'histoire naturelle à l'Ecole Centrale de Lot-et-Garonne, que Lamouroux dut son goût très prononcé pour cette branche de la science et particulièrement pour la botanique. Il ne se doutait pas, alors qu'il la considérait comme un agréable passe-temps et une distraction à ses travaux industriels, qu'à elle seule plus tard il serait obligé de demander ses plus clairs moyens d'existence. Saint-Amans fut donc de toutes façons le bon génie de Félix

Lamouroux. Aussi, qu'il fut résidant à Agen ou absent de sa ville natale, ce dernier ne cessa-t-il jamais d'entretenir avec l'illustre savant les relations les plus suivies et les plus familières. Nous allons voir dans sa précieuse et souvent si touchante correspondance, entièrement inédite, avec l'auteur de la *Flore Agenaise*, qu'un hasard des plus heureux a sauvée du naufrage général des manuscrits de Saint-Amans, et qu'une bonne fortune nous a permis de pouvoir longuement utiliser ici, combien à chaque étape de sa trop courte et quelquefois douloureuse existence, il tint à prodiguer à son bienfaiteur les marques les plus expressives de sa reconnaissance et de son inaltérable amitié [1].

En même temps qu'il s'adonnait à l'étude de la science, Lamouroux fut associé par son père à la maison de commerce, dont, grâce à son intelligence supérieure, il prit bientôt la direction. Aussitôt il chercha à perfectionner les procédés déjà démodés, mais toujours en usage, pour la fabri-

---

[1] Quelques années avant sa mort, Casimir de Saint-Amans, fils du savant naturaliste et détenteur de toutes ses richesses, fit don à M. le docteur Louis Amblard, son médecin, de toute la correspondance de Félix Lamouroux avec son père. Elle contient quatre-vingt-huit lettres, écrites de l'an vii à l'année 1824. Conservée avec un soin jaloux par le petit-neveu de Félix Lamouroux, cette source de précieux renseignements pour nous ne pouvait tomber en de meilleures mains. Fidèle à la tradition de sa famille, M. le docteur Louis Amblard est, on le sait, un botaniste des plus distingués. Son herbier, auquel plus tard sont venus se joindre ceux de Saint-Amans et de M. Edouard de Pommaret, est un des plus complets de toute la région du sud-ouest. Heureux de contribuer pour sa part à cette étude, c'est avec joie qu'il nous a communiqué la correspondance de notre oncle et nous a autorisé à en reproduire les passages les plus intéressants. Au nom de tous les naturalistes, comme en notre nom personnel, nous lui adressons ici l'expression bien vive de notre gratitude.

Phot. Ph. LAUZUN   Imp. Phot. ARON Frères. Paris.

MOULES d'INDIENNES

provenant des fabriques de M M. Cl. Lamouroux et Pierre Lauzun

TABLEAU GÉNÉALOGIQUE DE LA FAMILLE LAMOUROUX.

JEAN LAMOUROUX, négociant, épouse, en 1701, demoiselle BLAISE DELBÈS,

GEORGES, négociant, consul d'Agen en 1754, conseiller du roi, receveur des consignations,
né le 10 mars 1709,
épouse en premières noces, le 1er octobre 1737, Foy MARCOT, ——— et, ——— en secondes noces, Marie MARCHANT.
mort le 20 novembre 1788.

N., mariée au sieur DU...

CLAUDE, négociant, receveur des consignations en 1788,
maire de la ville d'Agen (17 novembre 1791-14 décembre 1792),
né le 4 octobre 1741,
épouse, en 1771, Catherine de LONGAYROU,
mort le 26 septembre 1820.

Jean
mort jeune.

Jean-Baptiste
mort jeune.

Jeanne
née et 1746.
morte
le 1... février
1806.

Guillaume, conseiller du roi, lieutenant p...
né en 1750,
épouse Geneviève DAYRIE,
mort le 3 mai 1801.

Guillaume
né en 1779, mort le 18 septembre 17.9,   né...

Françoise-Marie-Rosalie
née le 1er octobre 1772,
épouse, le 22 juin 1793, Louis AMBLARD,
morte le 20 mars 1840.

épouse

Blaise-Servais-Félix
né le 13 mai 1797,
épouse, le 3 octobre 1821,
Marie-Adèle BARSALOU,
mort le 6 septembre 1860.

Jean-Vincent
né le 12 février 1801,
mort le 1er janvier 1869.

Joseph-Chéri ✳
né le 21 mars 1802,
épouse, le 12 septembre 1826,
sa cousine germaine Blanche LAUZUN,
mort le 24 novembre 1877.

Antonin
conseiller général de ...
né le 10 févr...
épouse, le 3 septembre 18...
mort le 8 ma...

Foy-Louise-Antoinette
née le 7 avril 1826.

François-Joseph-Louis
docteur en médecine,
né le 17 février 1830,
épouse, le 28 avril 1857,
Hélène de SAINTOURENS.

Marie-Louise-Sophie
née le 12 juillet 1827,
morte le 15 septembre 1828.

Pierre-François-Joseph
né le ... 1828,
épouse, le 27 mai 1854,
Marguerite BESANÇON.

Pierre-Edmond
né le 12 août 1820,
épouse, le 22 janvier 1852,
Élisabeth
CASTARÈDE-LABARTHE.

Madeleine
née
le 21 février
1868.

Marie-Thérèse
née
le 12 juillet
1870.

Blaise
né
le 16 juin
1879.

Marie
née
le 8 novembre
1883.

Marie-Joseph-Paul
né le 14 mai 1855,
épouse, le 9 avril 1883,
Eugénie LABAT.

Marie-Amélie
née le 10 août 1863,
épouse, le 23 avril 1883,
Samuel TARDIEU,
capitaine au 57e régiment d'infanterie.

Jeanne-Antoinette-Marie
née le 17 mars 1863,
épouse, le 23 avril 1884,
Louis de SABUGUÉ.

Jacques
né
le 5 février
1884.

Blanche
née
le 12 janvier
1886.

Henriette
née le
11 décembre
1886.

Eveline
née
le 13 juin
1885.

Marie
née le
24 mai
1887.

Jeanne
née le
3 septembre
1888.

Élisabeth
née
le 8 mai
1885.

Pierre
né
le 5 décembre
1892.

79

N. mariée au sieur DUESME.

Jeanne-Catherine-Victoire, née le 11 mars 1777, épouse, le 19 janvier 1801, Maxime DUBAS-LAMOTHE, morte le 27 avril 1859.

Jean-Pierre-Frénin, docteur ou médecin, né le 12 février 1662. Savoi, épouse, le 18 avril 1692...

Rosalie-Catherine-Lucie, née le 22 mars 1778, morte peu de temps après.

Jean-Vincent-Félix, professeur d'histoire naturelle à la faculté de France, membre correspondant de l'Institut de France, né le 2 mai 1778, épouse, le 26 avril 1818, Françoise de la MARGEZIE, mort le 22 mars 1859.

Georges, né le 9 octobre 1781, mort peu après.

Guillaume-Georges, né le 12 août 1783, mort le 18 novembre 1790.

Jeanne-Marie-Émilie, née le 11 octobre 1782, morte... en mai 1868.

François-Catherine-Victoire, née le 28 mars 1756, morte à 8 février 1791...

Joseph-Pierre-dit-janin, né le 17 février 1760, mort le 11 février 1761.

Claude-Louis-Georges, né le 2 mai 1817, mort, en avr. le 22 novembre 1839.

Catherine-Élisa, née le 3 mai 1807, épouse Camille PALISSE, morte le 18 janvier 1871.

Claude-Eugène, docteur en médecine, né le 19 avril 1810, épouse, le 26 juillet 1830, Marie-Sabine LAFIVIÈRE ou CARMENTRAN, morte le 29 septembre 1852.

Catherine-Georgette, née le 22 juillet 1811, épouse, en septembre 1831, Isaure LAGOMBE, morte le 24 décembre 1852.

Émilie, née le 9 décembre 1832, épouse, le 29 mai 1865, Gustave RAVIT et sa LANDE.

Adrien, colonel au 20e Régt de Dragons, né le 10 septembre 1853, épouse, le 15 mai 1887, Léon MULLER.

Eugène, inspecteur de l'enregistrement, né le 14 septembre 1855, épouse, le 12 février 1877, Marie-Térèse de SAINT-JAYME.

Georges, né le 31 janvier 1879.

Hélène, née le 11 décembre 1867.

Léon, receveur de l'enregistrement, né le 18 septembre 1835.

Augustin, médecin, né le 29 février 1832, mort le 21 octobre 1829, épouse Noémie PETIT.

Georgette, née le 15 mai 1832, épouse, le 4 juillet 1860, Josselme LA BERNANDIE.

Edmond, percepteur, né le 29 novembre 1851, épouse, le 21 octobre 1889, Noémie PETIT.

Marguerite-Léonie, née le 25 avril 1831.

Marguerite, née le 2 novembre 1830.

Marie, née le 9 août 1832, morte 1870.

Hubert, lieutenant au 11e Dragons, né le 13 novembre 1861.

Emmanuel, lieutenant, né le 16 décembre 1861, épouse, le 27 octobre 1885, Albine-Louise MENNECIL, le 12 novembre 1861.

Louise, née le 23 février 1889.

Louis, né le 25 août 1867.

Mina, née le 19 octobre 1868, morte 1871.

Élisa, née le 19 janvier 1869.

Augustin, né le 30 janvier 1869.

Blan, né le 31 mars 1822, épouse, le 21 octobre 1849, Jean-mari, ministre plénipotentiaire, morte le 21 décembre 1869.

Alice, née le 26 avril 1852, épouse, le 15 juin 1880, Étienne VALRAUD.

Camille, né le 9 juin 1824.

Jean, 7 septembre 1881.

René, né le 23 avril 1857.

André, né le 1er mai 1861.

Georges né le 21 octobre 1781, mort jour après.	**Guillaume-Georges** né le 12 août 1783, mort le 18 novembre 1786.	**Jeanne-Marie-Émilie** née le 31 octobre 1785, morte en mai 1858.	**Françoise-Catherine-Victoire** née le 28 mars 1787, morte le 8 février 1791.	**Joseph-Pierre-Germain** né le 17 février 1789, mort le 14 février 1791.	**Jean-Pierre-Pethion** ✻ docteur en médecine, né le 12 février 1792, épouse, le 18 avril 1822, Susan PAGANEL, mort le 17 janvier 1866.	**Jeanne-Catherine-Chloé** née le 9 septembre 1793, morte le 11 août 1794.	**Joseph-Germain** juge au tribunal de commerce d'Agen, né le 8 mai 1795, mort le 11 avril 1871.	**Pierre-André-Charles** ✻ conseiller de Préfecture, né le 1er février 1798, épouse, en 1826, Rose-Alexandra DUMONT de SAINTE-CROIX, mort le 10 mai 1877.		**Jeanne-Catherine-Mina** née le 9 août 1800, épouse, le 28 décembre 1822, Jean-Honorata DULONG, morte le 19 septembre 1887.

Mina née le 31 mars 1823, épouse, le 31 octobre 1849, François GOEPP ✻, ministre plénipotentiaire, morte le 31 décembre 1880.	**Camille** née le 9 juin 1826.	**Marie** née le 30 novembre 1827, épouse, le 14 octobre 1865, Élias LOISEL ✻, ingénieur, morte le 7 septembre 1891.

Charles-Jeannin-Léopold ✻ chef de bataillon, né le 30 novembre 1826, épouse, le 19 avril 1850, Rosa LE MILAIN, mort le 13 juillet 1892.	**Jean-Émile-Georges** né en 1837, épouse, le 11 décembre 1862, Amélie LEROY, mort le 21 avril 1887.

Alice née le 26 avril 1854, épouse, le 15 juin 1880, Édouard WALDAUM.

Mina née le 28 décembre 1865.

Léopold-Georges né le 4 août 1872, (porte seul actuellement le nom de Lamouraux).

Jean né le 7 septembre 1881.	**René** né le 23 avril 1882.	**André** né le 10 mai 1884.	**Marcel** né le 20 décembre 1886.	**Jeanne** née le 22 mai 1890.

(Tableau arrêté le 1er Janvier 1893.)

cation de ses indiennes, et à cet effet il se livra activement
à l'étude de la chimie et à ses applications à l'art de la teinture. Il y fit des progrès rapides et contribua au début par
ses heureuses découvertes au développement et à la prospérité de l'industrie paternelle.

« Bien plus, dit un savant naturaliste qui fut son condisciple et
son ami, son goût pour la botanique fut alors déterminé par l'idée
ingénieuse de bannir de sa manufacture les dessins bizarres et
fantastiques, que le mauvais goût de la fin du siècle de Louis XV
avait introduits jusque dans nos moindres étoffes. Que ce motif
ait réellement existé, ou qu'il ait seulement servi de prétexte à Lamouroux pour faire approuver par ceux qui l'entouraient son étude
favorite, il est certain qu'en cherchant dans l'inépuisable et riante
nature des modèles plus élégants, en étudiant les fleurs et les
feuilles pour les imiter en guirlandes ou en bouquets sur les fonds
de ses indiennes, son esprit observateur ne pouvait s'empêcher
d'en remarquer les caractères ; et, dès sa première excursion dans
l'empire de Flore, il s'y trouva sur son terrain. Ce fut d'abord
comme peintre, comme manufacturier qu'il voulut connaître les
fleurs. Grâce aux leçons de Saint-Amans, il trouva bientôt dans
cette nouvelle direction, donnée à ses études, ce qu'il ne croyait
certes pas y chercher. Il se passionna pour les plantes et devint
botaniste. »

C'est l'époque où il faisait, avec son maître vénéré, dans les
frais vallons qui avoisinent Agen, ses premières herborisations. Son goût pour la botanique devint si vif, ses études
furent si rapides, il y acquit en très peu de temps un coup
d'œil si sûr, un jugement si droit et souvent si original, que
Saint-Amans n'hésita pas à se l'attacher, d'abord comme secrétaire, puis bientôt comme son suppléant au cours public
qu'il professait à l'École Centrale. Lamouroux n'avait alors
que dix-huit ans.

Chargé par son père, dans l'intérêt de la maison de commerce, de faire, plusieurs fois par an, de nombreux voyages,
Félix Lamouroux sut habilement en tirer parti pour augmen-

ter ses connaissances en botanique et accroître ses collections naissantes, notamment celles des hydrophytes, des
fucus et des polypiers, à l'étude desquels il devait plus tard
se consacrer presque entièrement.

C'est ainsi qu'en février 1799, il est à Toulouse, d'où il
écrit à Saint-Amans « qu'il met au nombre de ses moments
les plus agréables ceux qu'il emploie à le servir. » Il a visité
l'école centrale et le jardin de botanique, moins riche que
celui de Bordeaux, et assisté au cours de chimie de Lafont,
« qui est au dessous de celui de Lomet et de Fauché à
Agen [1]. »

Six mois après, Lamouroux entreprend un grand voyage,
d'abord en Espagne, puis dans le sud-est de la France, à Paris,
et enfin dans l'ouest. De Perpignan, qui est sa première étape,
il écrit, le 22 juillet 1799, à Saint-Amans qu'il a ramassé tout
le long de la route, à Narbonne, à Carcassonne, et sur le
bord de la mer, de nombreuses plantes marines. Dans la capitale du Roussillon il a fait la connaissance de Bonnaffos,
professeur de botanique, avec qui il entretiendra longtemps
des relations suivies et fera de nombreux échanges de fleurs.
« Les habitants de cette ville sont affables et doux ; les femmes ont toutes des yeux superbes, mais point de fraicheur [2]. »
Lamouroux réside plus d'un mois à Barcelonne, d'où
toute sa correspondance mériterait d'être reproduite *in
extenso*. Il y a peu de botanistes à Barcelonne, seulement
le professeur d'histoire naturelle, un français, Sainte-Marie,
et le fils du jardinier. Les environs sont assez pauvres en
fleurs. La montagne qui domine la mer très-riche en lichens.
Il fait à Saint-Amans la description de toute la route de Perpignan à Barcelonne par Cerbère, les Pyrénées « qui sont
hérissées de canons » et Gironne. Il envoie à son maître de

---

[1] Correspondance de F. Lamouroux avec Saint-Amans. Lettre n°1.
[2] Idem. Lettre 5.

nombreux échantillons, autant pour son herbier que pour le
jardin public. « Les naturalistes d'ici, ajoute-t-il, connaissent
déjà et apprécient à sa juste valeur *la Philosophie Entomo-
logique* qui vient de paraître[1]. »

Le 21 octobre, Lamouroux est à Lyon. Il a quitté Barcelonne
vers le milieu de septembre, et il s'est arrêté assez longtemps
à Nîmes et à Montpellier, où il a vu « le respectable Gouan,
le patriarche des botanistes. » Il ne parle à Saint Amans que
de fleurs et de plantes rares. Il lui tarde d'entendre son
maître lui raconter de vive voix ses impressions de son
voyage aux Pyrénées qu'il vient de faire. Que de trésors il
a dû rapporter[2] !

Un mois après, Lamouroux est à Paris, où il demeure tout
l'hiver et le printemps de l'an VIII (1800), et d'où il écrit à
Saint-Amans de nombreuses et intéressantes lettres. Ce dernier est long à répondre. Il désespère Lamouroux :

« Aurais-je perdu votre amitié, lui écrit-il en brumaire ? J'en
serais au désespoir, ne sachant point, ne connaissant en aucune manière mes fautes envers vous. Si j'en ai commis que
vous ne puissiez dire, je crois qu'un silence de votre part de deux
mois et demi est pour moi une punition assez grande pour espérer que vous me pardonnerez. Dans tous les cas, je serai toujours,
avec le sentiment de la plus parfaite reconnaissance, votre dévoué
élève[3]. »

Enfin, il reçoit une lettre où Saint-Amans lui donne de
nombreux détails sur son voyage aux Pyrénées. « Comme
j'aurais voulu vous suivre, lui répond Lamouroux, le 29 frimaire an VIII, 20 décembre 1799, dans la vallée de Caute-
rets ! Avec quel appétit j'aurais mangé des truites du superbe

---

[1] Ouvrage de Saint-Amans. In-8° Agen. Imp. Noubel. An VII.
[2] Correspondance. Lettre n° 11.
[3] Idem. Lettre n° 12.

6

lac de Gaube que je n'ai vu qu'un instant ! Que vos courses
avec Ramond ont dû être intéressantes ! »

À Paris, Lamouroux travaille assiduement. Le primidi et
le septidi sont employés aux affaires, aux visites, aux com-
missions ; le décadi et le quintidi à la botanique ; le 2, 6 et
8 au dessin ; le 3 au jardin des Plantes ; le 4 et le 9 à la chimie, qu'il étudie avec Chaptal et Berthollet. Il a cherché longtemps un maître de dessin pour les fleurs ; il a fini par
trouver Sauvage, avec lequel il travaille toute la journée. Il
fréquente la société de Jussieu, de Candolle, de l'Héritier.
Le 1 et le 6 de chaque décade, il va à l'Institut. C'est là où il
a vu pour la première fois « Buonaparte »

« Quelquefois aussi, ajoute-t-il, je vais au bal admirer l'élégance
des Parisiennes et me moquer des costumes ridicules de quelques
jeunes gens. J'en sors fatigué, en disant que dans ces trente femmes, aussi élégantes qu'aimables, il y en a quatre de jolies,
deux de belles ; tandis qu'à Barcelonne, sur trente femmes
il y en avait quinze de belles, cinq de jolies et deux d'aimables. Je cherche à me fixer pour savoir laquelle de ces sociétés je
préfererais, si j'en avais le choix. Jusqu'à présent, je n'ai pu le
faire. Avec l'âge, ma raison se formera et mon choix ne sera pas
douteux. Un artiste ne serait pas embarrassé. Les belles formes
sont des choses auxquelles il ne résiste pas. »

Suit la description très-curieuse d'un cours de chimie à
l'usage du monde,

« Où les dames, en grande toilette, prennent des notes avec un
crayon d'or ; et où, après la leçon, il y a un concert où joue Rhodes,
où chante Garat, et où Perrin fait des expériences de physique.
Quelquefois il y a bal après. Les cours commencent à huit heures du soir et finissent à minuit. Que de progrès on y fait ! C'est
étonnant [1]. »

---

[1] Correspondance. Lettre n° 13.

Huit jours après, le 10 nivôse an VIII (31 décembre 1799),
à l'occasion du jour de l'an (vieux style), Lamouroux écrit
à Saint-Amans le joli billet suivant, dans le goût du temps :

« Il y a quelques jours que je vous ai écrit une assez longue
lettre, cher et respectable citoyen. Celle-ci sera plus courte,
quoique le sujet en soit plus cher à mon cœur, qui jouirait d'un
vrai bonheur, si je pouvais célébrer avec vous ce moment heureux
où le Dieu de la lumière, revivifiant la nature, donnera à la terre
une nouvelle vie, aux arbres de nouvelles feuilles, aux plantes de
nouvelles fleurs ! Puissiez-vous voir mille fois ces scènes de reproduction et de félicité ! Puissiez-vous, à l'âge de cent ans, trouver
de ces fleurs dont la beauté n'est appréciée que par le vrai naturaliste ! Puissiez-vous avoir des élèves qui porteront dans les différentes parties du monde le nom de leur savant, de leur aimable
maître ! Vos jours puissent-ils s'écouler exempts de troubles et
d'inquiétudes au sein d'une nombreuse famille. Mes vœux puissent-ils être réalisés ! Voilà les souhaits de celui qui n'a pas cessé
un instant de vous chérir et qui vous aimera toute sa vie ! Salut,
respect et attachement [1]. »

Lamouroux voyait beaucoup à Paris, en ce moment, les
naturalistes distingués, dont quelques-uns, comme Lacépède,
étaient ses compatriotes. - Il fréquentait aussi Lomet, dont
l'esprit inquiet, original, fou, le charmait.

« Paris, écrivait-il à la date du 20 février 1800, réunit au suprême degré et les moyens de s'instruire et les moyens de se perdre. Je vois souvent Lacépède et Lomet, ce dernier occupé de la
minéralogie et de la guerre, toujours aussi fou, aussi bon enfant,
aussi aimable que jamais. »

Larozière l'honore de ses visites. Enfin il ne dédaigne pas
les beaux-arts.

« Je ne doute pas, écrit-il dans la même lettre, que vous n'ayez

---

[1] Correspondance. Lettre n° 14.

entendu parler du fameux tableau de David : *Les Sabines*. On l'a
beaucoup critiqué. Cependant peu de personnes se sont aperçues
d'un défaut, non pas ayant rapport au dessin, mais au caractère
naturel qui distingue même encore les peuples du Nord et du
Midi. Les Sabines n'étaient pas Danoises. Elles habitaient le
Midi de l'Europe. Malgré cela, sur sept Sabines que l'on voit dans
le tableau de David, il y en a deux d'un blond cendré très clair,
deux d'un blond plus foncé, deux chatains, et une seule brune.
Je crois que David a fait cela : 1° pour donner plus de douceur à
ces figures ; 2° pour les détacher du tableau, ce qui aurait été
extrêmement difficile si les teintes avaient été foncées. Quant au
dessin, les beautés ne permettent pas d'en chercher les défauts [1]. »

Lamouroux quitta Paris à la fin du printemps de 1800, et
rentra à Agen par la Normandie, la Bretagne, la Vendée,
les Charentes et Bordeaux. Il avait fait son vrai tour de
France. De Nantes, où il était le 5 juillet 1800, il écrit à
Saint-Amans que « Ramond est parti de Paris le même jour
que lui ; et que, pour sa part, il est allé au Havre, d'où il a
suivi la côte jusqu'à Dieppe, ramassant force plantes marines et ayant visité une mine de charbon de terre, et qu'il
compte sous peu parcourir la Vendée et s'arrêter à La Rochelle, Rochefort, Blaye et Bordeaux [2]. »

A peine de retour à Agen, il repart pour la capitale de la
Guyenne, toujours pour ses affaires de commerce.

« Un courrier extraordinaire, écrit-il le 18 octobre 1800, expédié
de Paris par un armateur de cette ville, annonce que le Premier
Consul avait été sur le point d'être assassiné, et que Lanes, Bar-
rère et Masséna étaient accusés. Le pauvre Carnot, qui avertit le
général de ce complot, a été aussi arrêté [3]. »

La lettre que Lamouroux écrivit à Saint-Amans de Tou-

---

[1] Correspondance. Lettre n° 17.
[2] Idem. Lettre n° 20.
[3] Idem. Lettre n° 21.

louse, le 27 pluviose an ix (16 février 1801), est trop curieuse, elle donne sur les mœurs et les usages mondains de
cette ville, à cette époque de transition, des détails trop
intéressants et très-vraisemblablement totalement oubliés ou
ignorés des Toulousains, pour ne pas que nous la reproduisions ici *in extenso* :

« Il y a beaucoup de sociétés de danse dans Toulouse. Toutes se
ressemblent à quelque chose près, hors le *bal du Salon.* Aussi en
vous en faisant connaître deux, cela suffira.

« Le premier est le *bal de Roussillon*. Il est composé de ce qu'il
y a de mieux parmi les gros détaillistes et les bourgeois. J'y ai vu
Madame Tournon. Ce bal commence à huit et finit à une heure
de la nuit. La musique est détestable. Les femmes sont jolies et
bien mises pour Toulouse. Les jeunes gens ne se gênent pas beaucoup. Ils y dansent en bottes et en pantalon ; ils sont très-honnê-
tes envers les étrangers ; les femmes et les hommes dansent très
mal, cela n'est pas étonnant; la musique joue si vite qu'on ne
peut faire autre chose que sauter sans pouvoir faire aucun pas.
Ce bal a lieu le jeudi et le dimanche de chaque semaine, et il est
toujours très-nombreux. On danse quatre contredanses dans la
salle qui serait à peine assez grande pour en danser deux. Au
reste, dans ce bal, comme dans celui du Salon, dont je vais vous
entretenir, on y reçoit des personnes qui par leur conduite mériteraient d'en être exclues.

« Le bal du Salon est nommé par les Commissaires « *Société du
Salon* » parcequ'on s'y rassemble chaque soir, par les Sociétaires
« *Réunion du Thé* », et par les habitants de Toulouse « *bal des Nobles.* »
Ce bal a lieu chaque mardi. On s'y rend à onze heures. A onze
heures et demie, on sert un superbe souper dans de vastes salles.
Dans la première, qui est carrée, sont les tables pour les dames ;
ces tables sont rondes et placées comme $\begin{smallmatrix} \circ & & \circ \\ & \circ & \\ \circ & & \circ \end{smallmatrix}$; dans la seconde, beaucoup plus longue que large est une longue table, uni-
quement destinée aux cavaliers. Après souper, on passe dans
deux salles où l'on sert du punch, du thé, du lait et du café. A
une heure ou une heure et demie, on passe dans la salle de bal et
on danse jusqu'à six heures du matin. On distribue des rafraî-
chissements de toute espèce. A six heures, on sert des poules au

riz, du bouillon et d'autres restaurants. Enfin à neuf ou dix heures du matin, on se retire. Les dames qui vont à ce bal sont mises avec beaucoup de luxe ; mais il leur manque un peu de cette élégance qui caractérise la femme de Bordeaux et de Paris. Chacune a un amant, parceque c'est la mode et qu'une femme sans amant est un être souverainement ridicule. Aussi les dames, qui préfèrent les anciennes mœurs aux nouvelles, sont-elles assises tristement sur les gradins et ne dansent que la contredanse d'honnêteté. Les hommes sont mis avec un luxe inconnu à Paris et même à Bordeaux. Que cela ne vous étonne pas. Il est reçu qu'on ne peut paraître dans ce bal deux fois avec le même costume. Jugez de la dépense que cela entraîne. Aussi les femmes ont-elles bien recommandé aux marchands, et surtout à la modiste, de ne porter des comptes aux maris qu'après le Carnaval. Il y en a plusieurs qui seront bien étonnés et qui ne s'attendent pas aux billets qu'on leur portera [1]. »

Au mois d'août de l'année 1801, Saint-Amans fit un nouveau voyage dans les Pyrénées avec Ramond et autres botanistes de marque. Il laissa Lamouroux à Agen, le chargeant du soin de continuer à l'École Centrale son cours d'histoire naturelle et de surveiller le jardin public. Il lui recommanda en même temps de le tenir au courant de ce qui se passait à Agen.

« Je vais chaque jour, lui écrit ce dernier, fidèle à ses instructions, visiter le jardin des Plantes. Sans vous, ce jardin n'aurait nul attrait pour les jeunes gens, à moins que l'amour ne leur fit chercher la solitude. Brie s'en occupe avec assez de soin... »

Et le 6 août :

« Je vois avec le plus grand plaisir que votre santé est entièrement rétablie. La mienne ne va pas bien. Je ne sais ce qui m'a rendu malade. J'espère que beaucoup de ménagements me guériront. Peut-être que si je vous avais suivi à Barèges, ma

---

[1] Correspondance. Lettre n° 22.

santé se serait fortifiée par l'exercice et ma tête se serait meublée à écouter les savantes conversations auxquelles j'aurais assisté comme témoin.... Mes respects à Ramond auprès de qui j'ose vous prier d'être mon interprète. »

« Que vous êtes heureux, lui écrit-il encore, le 19 août, à Barèges, de parcourir les glaciers! quel plaisir j'aurais à vous suivre! Puisque mes affaires et la fabrique m'empêchent de voler auprès de vous, je fais des vœux pour l'heureuse réussite de votre voyage, et je prie la nature de faire naître sous vos pieds ce que les Pyrénées offrent de plus curieux. Je lui demande chaque jour comme une grâce qu'elle ferme l'entrée des montagnes à ces Vandales, à ces accapareurs qui, comme M. le b. de Lap.... brisent ce qu'ils ne peuvent emporter ; qui, comme votre Toulousain, prennent plus qu'ils n'en ont besoin; et à ceux qui, comme Monsieur Lelièvre, ne laissent rien pour les derniers venus. Encore si ce dernier nous faisait part de ses découvertes! Mais non ; il se bornera à quelque mémoire qu'il fera paraître dans l'ennuyeux journal des Mines et augmentera par des échanges un cabinet déjà trop riche, et dans lequel il est plus difficile de pénétrer que dans le trésor d'un avare ! »

Et dans chacune de ses lettres il donne à Saint-Amans de nombreux détails sur ce qui se passe à Agen, la chaleur torride qu'il y fait (31 août 1801), les dilapidations du jardin public, les plantes qu'il ramasse, celles qu'il le prie de lui rapporter, etc [1].

En septembre de cette même année 1801, Lamouroux va à Toulouse, où il s'occupe de botanique et « se comporte en bon chevalier de la cause commune. » Il y voit sa vieille connaissance Ferrière, employé à la culture des fleurs. Puis, en octobre, il revient à Bordeaux, où il a de longs entretiens avec Brémontier.

Mêmes voyages dans ces deux villes, au printemps de l'année 1802. La botanique est sa seule distraction. Il n'en-

---

[1] Correspondance. Lettres nos 24, 25, 26, 27.

tretient Saint-Amans, dans chacune de ses lettres, que des
jouissances qu'elle lui procure.

En mai 1802, le maître part pour Paris et de là pour l'Angleterre. Lamouroux prend officiellement possession de sa
chaire de professeur. Il commence à Agen, le 2 juin, son
cours de botanique.

« J'avais une quinzaine d'élèves, lui écrit-il le 29, à ma leçon
d'ouverture; ce nombre se soutient. A la première leçon, j'ai fait
un petit discours sur les avantages de la botanique, que j'ai tiré
de différents auteurs et que j'ai rédigé tant bien que mal. La seconde
leçon, j'ai traité de la botanique, des divisions du règne végétal.
La troisième, de l'irritabilité des plantes, de leur sensibilité, de
leur mouvement. La quatrième, des sucs nutritifs des plantes, de
l'eau, de l'air, de la terre, de l'acide carbonique. La cinquième,
de l'influence de la lumière et de l'acide carbonique sur les végétaux. La sixième enfin, de l'écorce et de ses parties. Puis viendront le bois, les vaisseaux des plantes, les racines, les tiges, etc. »

Il n'est pas content de Brie, le jardinier. Il s'occupe trop
de fleurs et pas assez de plantes. Il n'arrose pas et ne prend
aucun soin [1]. »

Le 18 juillet :

« Le cours est toujours suivi par une vingtaine d'élèves. Nous
allons commencer les herborisations. L'Evêque est sur le point
d'arriver. C'est un Monsieur Jacconpin (sic), ancien vicaire général,
de M. de Brienne, archevêque de Toulouse. Personne ne le con-
naît... Agen, depuis quelque temps, jouit de la plus grande tranquillité. Peu de jours après votre départ, il y eut quelque projet
d'enlèvement avorté ; des coups de bâton furent donnés à des
femmes par leurs maris trompés... »

Le 7 août :

« Je fais toujours le cours de botanique, à la prière des élèves,

---

[1] Lettre n° 34.

tous élèves en pharmacie ou chirurgie. Je ne parle que de plantes en usage dans la médecine. Je leur en dis les propriétés...
Nous avons de très fortes chaleurs et pas mal de malades... Les
météores ignés sont fort nombreux [1] ».

L'année suivante, 1803, Lamouroux, toujours à Agen, écrit
à Saint-Amans, à Paris, à la date du 8 juillet, que le jardin
public va de plus en plus mal. Brie, le jardinier, a été fort
malade. « Le jardin ressemble à un jardin botanique comme
un ruisseau à une rivière. Il n'y a pas une plante nouvelle.
L'école est détruite, et à sa place poussent des melons et
des patates douces. »

En avril 1804. Lamouroux va à Bayonne. Il voit les Landes, les immenses pinadas des environs de Mont-de-Marsan.
Il s'arrête à Dax, où il fait la connaissance de M. Thore, qui
a la bonté de lui faire voir toutes les curiosités du pays,
ainsi que ses collections. « C'est un homme passionné pour
l'histoire naturelle, mais qui manque de livres, de moyens
d'études et de plan ». Il va de là à Biarritz, où les rochers
sont très-riches en fucus, ainsi qu'à Saint-Jean-de-Luz. Mais
il ne trouve que quelques naturalistes, pas un seul véritable
botaniste [2].

Enfin, en 1805, Lamouroux se décide à publier son premier ouvrage sur les plantes marines. Il l'intitule : *Dissertations sur plusieurs espèces de fucus peu connues ou nouvelles* [3] ; il en lit l'introduction à la Société des Sciences,
Lettres et Arts d'Agen ; et il le dédie à son maître vénéré,
M. de Saint-Amans. Aux remerciements, mêlés d'étonnement de ce dernier, Lamouroux lui répond, à la date du
15 mars 1805, de Bordeaux où il était :

« Vous êtes étonné que je vous aie dédié mon ouvrage ? Ne le

---

[1] Lettres nos 35 et 36.
[2] Lettres nos 38, 39.
[3] In-4° avec 36 planches. Paris, Verdière, 1805,

devais-je pas ? N'est-ce pas vous qui m'avez inspiré le goût de
l'histoire naturelle ? Ne m'avez-vous pas aidé de vos conseils, toutes les fois que je vous les ai demandés ? Ne m'avez-vous pas enrichi de vos collections ? Enfin tout ce qu'un père, un ami peuvent
faire pour ce qu'ils aiment, ne l'avez-vous pas fait pour moi ? Cer-
tainement je serais le plus ingrat des hommes, si je ne vous
avais pas fait l'hommage de ma première production. Et quel
nom, plus honorable que le vôtre, pouvais-je mettre à la tête de
mon ouvrage ? Vous êtes connu de tous les naturalistes et des
littérateurs de la manière la plus avantageuse. Membre de plusieurs sociétés savantes, sans en avoir brigué le titre, vous les
éclairez de vos lumières, et je me fais un plaisir de croire que
vous ne cesserez de m'aider dans la carrière que vous m'avez ouverte et où je ne fais que ramper, tandis que vous y marchez à
pas de géant [1]. »

Où trouver un cœur plus généreux, plus enthousiaste, plus
reconnaissant que celui de Félix Lamouroux ?

C'est dans un voyage à Bordeaux que Lamouroux, voulant
visiter l'embouchure de la Gironde et la petite ville de Royan,
faillit périr dans un naufrage qu'il fit près du Bec d'Ambez.

« Je n'ai pas eu le bonheur, écrivait-il de Bordeaux, le 30 avril
1805, d'entrer dans la Gironde. Et malgré cela, mon cher maître,
j'ai manqué périr. J'ai éprouvé une tempête et j'ai fait naufrage.
Cependant j'en ai été quitte pour être bien mouillé, bien baigné,
bien venté et bien fatigué. Personne n'a péri, mais tout le monde
a eu bien peur. En un mot, je suis presque découragé de ce voyage, et si jamais je me rembarque, ce ne sera qu'à bonnes ensei-
gnes ..... Votre cours est fini ; cela ne m'étonne pas. Les élèves d'Agen ne savent pas apprécier le bonheur d'être sous un
professeur tel que vous. Ceux de Bordeaux sont plus assidus, malgré l'ignorance crasse de celui qui les instruit. Hier, j'ai assisté au
discours d'ouverture ; jamais je n'ai entendu rien de plus mauvais ;
et cependant plus de soixante élèves, non compris les amateurs ,

---

[1] Lettre n• 42.

un jardin très riche, une bibliothèque considérable ; que de moyens
pour un professeur, pour faire un cours aussi agréable qu'ins-
tructif! Mais M. Villers ne sait tirer parti de rien [1].... »

— Si Lamouroux n'éprouva que quelques ennuis dans son
naufrage sur la Gironde, autrement plus terrible et plus irré-
médiable fut celui dans lequel sombra à cette époque sa fortune avec celle de sa famille. Depuis longtemps déjà, en
effet, Félix Lamouroux avait sur la situation de sa maison
de commerce une opinion plus juste que celle de ses parents,
qui lui reprochaient son goût pour l'étude, et « plus d'une
fois, écrit son frère, il avait conseillé à son père de renoncer à une industrie, dont les chances devenaient de jour en
jour plus dangereuses. » Nous avons dit au chapitre précé-
dent comment, poussé à bout, Claude Lamouroux fut, en
1805, forcé de liquider, et comment, après avoir fait honneur à tous ses engagements, il dut renoncer pour toujours
à ses opérations industrielles et commerciales. C'était la
ruine pour ses enfants.

« Chacun de nous, écrit Jeannin, qui perdait par cette catastro-
phe la perspective d'une honnête aisance, prit avec résignation un
parti dans l'adversité, et choisit une nouvelle branche d'industrie.
Félix, déjà initié aux sciences naturelles, bases fondamentales de
l'art de guérir, se décida pour la carrière médicale. Il existait alors
à Agen une école libre de médecine, dont il suivit les cours avec
assiduité, en y remplissant à la fois le rôle d'élève et celui de
professeur de botanique. Un vaste jardin, dépendant de la maison
habitée par sa famille, était son amphithéâtre. Lamouroux y cultivait une foule de plantes étrangères, dont les plus remarquables
par l'élégance des formes, la beauté des fleurs, ou la suavité des
parfums, ont été par ses soins naturalisées dans le pays [2]. »

---

[1] Lettre n° 44.
[2] Notice biographique, par le docteur J. Lamouroux.

Mais, comme il ne pouvait à Agen terminer ses études de médecine, qu'il se sentait à charge à sa famille, et peut-être aussi la cause principale de sa ruine par les essais souvent infructueux et les innovations téméraires qu'il avait entrepris dans la fabrication des indiennes, il se décida à partir pour Paris.

Ce ne fut pas toutefois sans être allé, en juillet 1806, aux Pyrénées et particulièrement à Barèges, soigner sa santé déjà chancelante, et parcourir tous les sites dont son maître et ami l'avait si souvent entretenu.

« Trois jours se sont écoulés, écrivait-il de Barèges à Saint-Amans, le 12 juillet, depuis que j'habite le pays qu'avant vous personne ne connaissait. Vous en parler serait, je crois, inutile. Vos nombreux voyages dans ces montagnes vous ont mis à même d'en apprécier toutes les beautés..... M. Bargelas m'ordonne le lait d'ânesse et me trouve assez malade. Il m'a défendu tous les exercices un peu violents. Malgré cela, j'ai fait quelques promenades. »

Un mois après, sa santé s'est beaucoup améliorée. Il a vu le Pic de Bergonz, Luz. Saint-Sauveur, Gèdre, les environs de la Piquette, et, avant de partir, il montera au Pic du Midi, au Néouvielle, à Gavarnie, au Vignemale , « et il verra l'Espagne à travers la brèche de Roland [1] ».

Voici en quels termes émus Félix Lamouroux prit, le 18 octobre 1808, congé de Saint-Amans, la veille de son départ définitif d'Agen :

« Agen, 18 octobre 1808. A Monsieur de Saint-Amans, à Saint-Amans. Monsieur, N'ayant pas bougé d'Agen, j'espérais vous y voir. Sans doute le mauvais temps vous a empêché d'y venir. Mon départ est irrévocablement fixé à jeudi matin. N'ayant pas un moment pour aller chez vous, je prends la liberté de vous envoyer le jardinier pour prendre les lettres que vous avez eu la bonté de me

---

[1] Lettres nos 45 et 46.

promettre. Daignez recevoir ici le témoignage de reconnaissance
et de dévouement pour toutes les bontés que vous avez eues pour
moi. Je m'estimerai heureux si vous me mettez à même de vous
prouver le vif attachement que j'ai pour vous. J'attends vos ordres et vos lettres avec impatience ; les premiers pour les exécuter
avec exactitude et célérité ; les secondes pour les remettre dès
mon arrivée, ne doutant pas qu'elles me fassent bien recevoir de
ceux à qui vous les écrivez. Pour la vie, votre dévoué et reconnaissant élève. » LAMOUROUX, FILS.

Il ne devait plus revoir ni sa ville natale, ni son maître
chéri.

— Les conditions dans lesquelles Lamouroux revenait à
Paris étaient bien différentes de celles où il entreprit son
premier voyage. Autrefois l'aisance, la fortune, l'insouciance ;
aujourd'hui la gêne, la misère, l'obligation forcée de se créer
au plus vite une position. Malgré les rebuts de toutes sortes
et les privations qu'il eut à endurer, il ne se découragea pas.
Et ce fut une fois de plus le travail qui vint à son aide et
l'aida à supporter ces moments, les plus pénibles de son
existence. Aussi, quelles touchantes et intéressantes lettres
il écrit à cette époque à Saint-Amans ! Comme il épanche
son cœur dans celui de son vieil ami !

.. « Je suis enfin arrivé dans la capitale de la France, écrit-il le
5 novembre 1808, où, grâce à vos recommandations, j'ai été bien
reçu de nos compatriotes, qui, cependant, malgré le haut rang
qu'ils occupent, n'ont encore pu rien décider sur mon sort à venir.
Lorsqu'il y aura quelque chose de fixe, je me ferai un devoir de
vous en faire part... J'ai fait une visite à Messieurs de Jussieu,
Thouin, Desfontaines, qui m'ont reçu comme une vieille connaissance. J'ai rencontré Bory de Saint-Vincent, toujours mon intime
ami, malgré tout ce qu'on a fait pour nous brouiller ensemble.
La première explication a dissipé tous les nuages. Il jouit d'une
grande considération parmi les savants [1].

_____

[1] Lettres nos 49, 50.

Mais Lacépède, Lacuée, de Jussieu, Cuvier, qui s'intéressaient à son sort, n'ont pu rien faire encore pour lui :

« La Fortune, écrit-il le 18 janvier 1809, est une déesse aveugle ; beaucoup la cherchent ; peu la trouvent, élevée sur son siège mobile. Aujourd'hui je suis à ses pieds ; demain peut-être serais-je à son côté. Si la roue était immobile, tout espoir serait perdu ; mais grâce au ciel, nous sommes sûrs du contraire : et les évènements de nos jours ne le prouvent que trop. Je suis allé à une séance de l'Institut où ont été lus des fragments de votre dernier ouvrage : *Le voyage dans les Landes* [1]. La séance fut très longue ; votre ouvrage fut lu le dernier ; la nuit approchait, et les dames qui se retiraient empêchaient de l'entendre. Cependant, malgré ce léger désordre, il fut très applaudi... Le travail est ma seule ressource. Je prépare toujours sur les plantes marines plusieurs Mémoires, qu'à mon tour je lirai prochainement à l'Institut [2]. »

« Oui, mon cher maître, écri'-il encore à Saint-Amans, à la date du 12 mars (j'aime à vous donner ce nom), vous me plaindrez d'être forcé de mener à Paris une vie à laquelle je n'étais pas accoutumé et bien différente de celle que je menais à Agen et que je regretterai toujours. La nuit au travail ; le matin encore au travail ; à dix heures dans les antichambres des grands seigneurs ou dans les cabinets et les bibliothèques ; à cinq heures, un dîner frugal ; et à sept heures, je recommence. Par ce moyen j'attrappe à tout. Je viens de finir un second Mémoire pour l'Institut. On doit faire demain un rapport du premier. Mon prodrome s'avance ; ma thèse est en bon train ; et peut-être qu'à force de demander, on m'accordera quelque chose. Voilà ma position et ma vie [3]. »

En même temps qu'il se livrait avec ardeur à l'étude des Sciences naturelles, Lamouroux terminait sa médecine. Il

---

[1] *Voyage agricole, botanique et pittoresque, dans une partie des Landes du Lot-et-Garonne*, par M. de Saint-Amans. Agen, in-8° Pr. Noubel. 1818.
[2] Lettre n° 51.
[3] Lettre n° 52.

fut reçu docteur, au milieu de cette année 1809. Très-lié avec
de Jussieu, Desfontaines, Correa de Serra, du Petit-Thouars,
Mirbell, Thénard, Gay-Lussac, Brémontier, Ramond, etc., et
toute cette pléïade de savants, qui ne fut pas une des moindres gloires du premier Empire, il oubliait avec eux ses dé-
boires et ses privations. Fortement poussé par de tels
émules, il publia dès ce moment ses premiers travaux, qui
furent couronnés du plus légitime succès. Nous en donne-
rons à la fin de cet article, avec une rapide appréciation, la
nomenclature très complète.

« Je vous avoue, mon cher maître, écrit-il le 2 mai à Saint-
Amans, que sans ces petits succès dans la carrière des sciences,
il y a longtemps que j'aurais abandonné Paris, où je n'éprouve
que dégoûts, privations, chagrins, peine, et tout sans la moindre
consolation. Ma vie est loin d'être agréable. Par bonheur, elle ne
durera pas longtemps de cette manière. Si je le croyais, elle fini-
rait de suite ! »

Il l'entretient toujours de ses travaux et recherches botaniques. « Quant à la politique, je ne vous en parlerai
point : je ne suis pas assez au courant de ce qui se passe [1] »
Comme tous les vrais savants, Lamouroux la dédaignait
profondément. Et cependant on était en 1809 !

Tant d'efforts dans la voie du travail et de la science de-
vaient être appréciés et récompensés en haut lieu. L'Empe-
reur songea à cette époque à établir des Facultés en province, ainsi que de nombreuses Académies. Il créa entre
autres la Faculté de Caen ; et il y nomma Félix Lamouroux
professeur adjoint d'histoire naturelle. Lamouroux avait alors
30 ans.

« C'est au moment où j'avais perdu tout espoir d'obtenir une
place, s'empresse-t-il d'écrire le 27 juillet à Saint-Amans, que j'ai

---

[1] Lettre n° 53.

été nommé professeur-adjoint d'histoire naturelle à la Faculté de
Caen. Après neuf mois de sollicitations, c'est bien peu de chose.
Mais il vaut mieux cela que rien, et comme le dit le bon Lafontaine : Un tiens vaut mieux que deux tu l'auras. On m'a promis,
il est vrai, la première place vacante ; mais je sais par expérience
le cas que je dois faire de ces promesses ; et je compte beaucoup
plus sur la proximité où je serai de Paris, qui me permettra d'y
faire quelques voyages, que sur les promesses des grands. La
place de professeur-adjoint produit 1,500 francs d'appointements
fixes. On a demandé à Sa Majesté de les porter à 2,000. On espère
qu'il les accordera. Dans tous les cas, 1,500 francs en province
valent plus que cent louis à Paris [1]. »

Le titulaire de la chaire de professeur d'histoire naturelle,
à Caen, était un M. Roussel, sous les ordres duquel devait se mettre Lamouroux.

« Il est bien vrai qu'il faut apprendre à obéir avant de comman-
der, écrit-il encore de Paris le 19 août à Saint-Amans ; mais il est
bien dur de recevoir des ordres de ceux qui ignorent tout. Si
j'avais obéi (pour me servir de vos expressions) à un capitaine
comme de Candolle, Balbis, Villers, etc., encore passe ! Mais être
sous un Roussel n'est pas agréable, quoique vous en disiez. Pour
dorer la pilule, M. Cuvier prétend que l'on n'a donné des adjoints
qu'aux professeurs qui en avaient besoin. Cette raison ne me
contente pas. Mais je m'estime heureux d'être près de Paris. Je
pourrai y faire quelque voyage et continuer de publier les découvertes que je pourrai faire. Bordeaux n'a point de Faculté. Elle ne
sera organisée que dans un ou deux ans. Si j'y suis nommé professeur, ce que je n'espère point, je prévois beaucoup de peine à
réparer les ravages des Vandales qui ont professé depuis quelque
temps dans cette ville [2]. »

Lamouroux resta encore à Paris jusqu'au commencement
de l'année 1810, multipliant ses recherches de botanique,

Lettre no 56.
Lettre no 57.

ses travaux scientifiques, et aussi ses relations de plus en plus choisies. Il lut à cette époque plusieurs Mémoires à l'Institut, les publia, soit dans les Annales de la docte Compagnie, soit dans celles du Muséum, et il commença déjà, ce qui prouvait leur mérite, à s'attirer la jalousie des savants les plus en renom.

« Je lirai prochainement à l'Institut, écrit-il, dans sa dernière lettre de Paris du 9 janvier 1810, à Saint-Amans, un Mémoire sur les *Polypiers flexibles*... On cherche déjà à détruire les découvertes que je crois avoir faites à cet égard. De Candolle, Mirbell, Desfontaines et Cuvier auront chacun leur petit paquet [1]. »

Mais il ne leur tint pas rigueur; car il ne cessa toute sa vie d'avoir avec eux les meilleurs rapports. Un caractère comme celui de Lamouroux, bon, serviable, enthousiaste, généreux, ne pouvait garder longtemps un ennemi.

— A peine arrivé à Caen, Lamouroux communique à Saint-Amans ses premières impressions sur le pays qu'il ne devait plus quitter.

« Il y a déjà huit jours, lui écrit-il le 9 mars 1810, que je suis arrivé dans cette ville pour y remplir les fonctions de professeur d'histoire naturelle. Je suis adjoint d'un homme à qui on attribue beaucoup d'esprit, beaucoup d'imagination, mais peu de connaissances des faits ou des objets; point de méthode et un jugement un peu faux. Des amis imprudents ont dit ici beaucoup plus de bien de moi que je n'en mérite, et je suis incapable de soutenir l'opinion que l'on a donnée de moi. J'ai pour collègues dans les Facultés ou au Lycée des hommes de premier mérite. Tout cela, comme vous pouvez le penser, est très-agréable; mais l'Académie n'est point installée. On ignore l'époque de son installation. Point d'appointements, point de rétribution. Voilà ce qui fait oublier tous les avantages et tous les agréments que ma place pouvait donner.

----

[1] Lettre nº 59.

7

« Je ne vous parlerai point de cette ville ou de ses habitants. Ils sont trop connus pour que je puisse ajouter quelque chose à ce que l'on en a dit. Le pays m'a paru riche et bien cultivé. Il est peu connu sous le rapport de l'histoire naturelle. Les professeurs qui m'ont précédé ont fait très peu de courses sur les confins du département. Enfin c'est un terrain neuf à défricher, et j'espère faire d'abondantes recettes, 1° sur les bords de la mer ; 2° sur les roches granitiques de Cherbourg ; 3° sur les schistes et mines de fer de l'intérieur ; 4° dans les tourbières des environs de la vallée d'Auge ; 5° enfin dans les vastes prairies de tout le département. Le jardinier ou conservateur du Jardin des Plantes est seul pour cultiver depuis plusieurs années près de 3,000 espèces. Il réunit l'activité de Ferrière de Toulouse, la bonté de Dupuis de Bordeaux, le zèle d'un vrai botaniste et les connaissances pratiques les plus étendues. Il est brouillé avec M. de Roussel. Il n'y a point de naturaliste distingué à Caen, point de cabinet, point de collections, peu de bibliothèques. Enfin point de ressources que celles que l'on trouve en soi-même. Il n'en est pas de même pour les lois et pour les lettres. Peu de villes réunissent d'aussi grands talents [1]. »

Tant que Lamouroux fut adjoint de M. de Roussel, sa situation fut très-précaire. « La position où je me trouve, dit-il à Saint-Amans, ne me permet point de recevoir d'autres lettres que celles qui sont affranchies, du moins jusqu'à ce que je sois payé. J'espère que cette raison ne vous empêchera pas de me donner de vos nouvelles. » Du reste, le bon M. de Roussel comprit bien vite qu'avec un adjoint de la force de Lamouroux, il n'avait qu'un parti à prendre : c'était de lui céder sa place et de disparaître au plus vite de la scène du monde. Il mourut, en effet, dans le courant de cette même année 1810, et Lamouroux fut aussitôt nommé professeur titulaire en son lieu et place ; ce qui lui permit d'améliorer un peu sa fortune et de professer ouvertement comme il l'entendait.

---

[1] Lettre n° 60.

A cette époque, d'ailleurs, eut lieu, le 1er mai, l'installation solennelle de l'Académie de Caen. La cérémonie fut splendide. Concours de tous les corps constitués, musique, banquet, discours officiels, messe dite par l'évêque de Bayeux, rien n'y manqua. Néanmoins, en en rendant compte à Saint-Amans, Lamouroux ne peut s'empêcher de jeter un regard en arrière, et de regretter, en termes bien touchants, sa jeunesse et sa belle patrie :

« J'ai trouvé, s'écrie-t-il, votre lettre trop courte (14 mai 1810) ; comment l'aurais-je trouvée longue ? Elle me parle d'Agen que je regretterai toute ma vie, de vos courses, de vos ouvrages que j'envie. Enfin elle me rappelle ces jours de tranquillité et de bonheur, dont je jouissais dans ma belle patrie. Hélas ! je l'ai abandonnée pour venir dans la capitale de la Basse-Normandie perdre ma gaieté au milieu des brouillards de l'Orne, et ma tranquillité à cause des inquiétudes, des tracasseries et des occupations que m'occasionne ma nouvelle position. Tous les jours, à mon lever, je tourne mes regards vers le lieu de ma naissance, et j'adresse à l'Etre Suprême la prière fervente de me rapprocher de mon pays et des belles et riches rives de la Garonne. Le bonheur, dit-on, gît dans l'imagination ; mais, pour moi, je ne le vois que lorsque je pourrai me retirer auprès de mes parents, et, aidé d'un petit revenu, y finir ma vie sans me mêler de ce qui se passe sur la scène du monde. Parlez-moi de votre Flore en préparation, du second cahier de la Société d'Agen, de vos plantes, de vos fleurs, de votre cèdre, de mes amis d'Agen, etc. [1]. »

A peine installé professeur titulaire d'histoire naturelle, Lamouroux ne négligea rien pour inculquer à ses élèves le goût de cette science charmante, et pour s'attirer un auditoire chaque jour plus nombreux.

« Il s'énonçait, dit son frère, avec tant de facilité et d'élégance, ses descriptions étaient si claires, il savait si bien captiver l'intérêt

---

[1] Lettre n° 61.

de ses auditeurs, en faisant de nombreuses applications du sujet
qu'il traitait aux usages habituels de la vie, que tous les jours on
venait écouter ses leçons avec un nouveau plaisir. C'était principalement dans les excursions botaniques et zoologiques faites aux
environs de Caen avec ses élèves, lorsqu'il croyait pouvoir tempé-
rer le sérieux du professeur par l'amabilité de l'homme du monde,
qu'il embellissait ses descriptions de saillies heureuses et piquan-
tes. Aussi, plus favorisé que bien d'autres professeurs, eut-il
souvent le plaisir de voir son auditoire, aux dernières séances de
ses cours, plus nombreux qu'à la première.

« Lamouroux jouissait en outre du précieux avantage d'inspirer
à ses élèves autant de confiance et d'amitié que de respect ; il le
devait à la fois à son éloignement pour les formes pédantesques
et à son caractère franc, vif et loyal. Il en reçut des témoignages
non équivoques à toutes les époques où l'exagération de quelques
opinions politiques ou bien quelques circonstances moins graves
tendirent à établir une espèce de scission entre la jeunesse et les
hommes chargés de la diriger [1]. »

Et M. Eudes-Deslongchamps, qui fut d'abord son
élève, puis son collaborateur et toujours son ami, ajoute :

« Le cours de Lamouroux était en tous points excellent. Très
aimé de ses élèves, il en faisait vite ses amis par les conseils qu'il
leur donnait... Ses livres, ses collections étaient ouvertes à tous...
Son cabinet était une sorte de laboratoire scientifique où chacun
venait étudier. Peu d'hommes se sont montrés plus affables et
plus généreux envers les étudiants que M. Lamouroux... Ses entretiens avec eux lui donnèrent l'idée de fonder une Société d'histoire naturelle ; et bientôt après, il créait la *Société Linnéenne de
Caen*.

« Chaque année, il traitait, dans ses cours d'hiver, une partie
quelconque de l'histoire naturelle, l'été, la botanique. Il parlait
d'abondance et avec facilité et se servait rarement de notes. Néanmoins tous ses cours étaient rédigés à l'avance et préparés de

---

[1] Notice biographique, par le docteur J. Lamouroux.

longue main. Il les améliorait chaque fois qu'il professait par des
notes nouvelles qu'il recueillait dans ses lectures ou que ses réflexions lui fournissaient. Son ouvrage sur la *Géographie physique*
est un de ces cahiers dont ses leçons étaient le commentaire[1] »

C'est alors qu'il composa, outre les nombreuses notices
parues un peu partout et que nous énumérerons à la suite
de cet article, ses *Mémoires* sur *les Algues marines*, sur la
Lucernaire campanulée, sur le blé *Lammas*, etc., son grand
ouvrage sur les *Thalassiophytes*, et plus tard son *Histoire
générale des Polypiers*.

Il en parle en longs termes dans chacune de ses lettres
à Saint-Amans, et demande toujours à son ancien maître son
avis et ses précieux conseils. Il a profité de son voyage sur
le littoral, au moment de la grande marée du 25 mars 1811,
« où la mer s'est extraordinairement retirée, » pour se pro-
mener au milieu des prairies submergées, et y ramasser de
nombreux échantillons. « Tous les rochers, dit il, étaient
entièrement couverts de petits fucus brillants de mille couleurs. Par ci, par là, des touffes de *fucus saccharinus* embe-
lissaient encore ces tapis, et des buissons de *fucus digitalis*
abritaient les actinies aux brillantes couleurs des rayons
ardents d'un soleil que ces animaux voyaient peut-être pour
la première fois ![2] » Toute sa correspondance de cette époque ne renferme que des détails de botanique. Il est heureux
de les transmettre à son vieux professeur qu'il vient de faire
nommer, en souvenir des services qu'il a rendus à la science,
membre correspondant de l'Académie de Caen (11 juillet
1811).

Et néanmoins, il pense toujours à son cher pays :

---

[1] *Notice sur la vie et les ouvrages de J. V. F. Lamouroux*, par
M. Eudes-Deslongchamps. Mémoires de l'Académie royale des
Sciences, Arts et Belles-Lettres de Caen. Caen, Chalopin, 1829.
[2] Lettre nº. 64.

« Je ne sais rien de ce qui se passe à Agen. Mon père ne m'en parle jamais. Mes sœurs m'écrivent si rarement et si laconiquement qu'elles ne peuvent me donner des nouvelles. Et mes frères ne m'ont écrit qu'une fois depuis quatre ans passés que j'ai quitté Agen. Jeannin est le seul de qui je reçoive quelques détails..... J'ai bien des travaux sur le chantier..... C'est au milieu d'eux que j'oublie mes peines, mes chagrins, la gêne où je me trouve, la solitude qui m'environne, n'ayant ni amis, ni parents autour de moi, les contrariétés sans nombre qui m'accablent. Enfin, c'est dans ces travaux que je trouve la force nécessaire pour lutter contre le malheur et surmonter sa dangereuse influence. (Caen, 23 novembre 1812) [1]. »

Et un mois après, le 16 décembre 1812, il ajoute encore plus tristement :

« Jamais je ne vous en ai voulu de votre silence. J'en souffrais. Mais accoutumé au malheur, un de plus, un de moins ne fait pas grand chose, lorsque l'on réfléchit au peu de bonheur que l'on a dans la vie. Travailler ; n'éprouver que des privations ; avec un cœur aimant, ne trouver que des cœurs de roche qui vous trompent ou qui repoussent vos sentiments ; voir le bonheur et ne pouvoir l'atteindre ; se réjouir des succès des autres et exciter leur jalousie ; voilà ce qui arrive à presque tous les hommes ! Avec cela peut-on être heureux ? Je le serais peut-être, si j'étais auprès de mon père et de ma mère : leur amitié me consolerait et m'aiderait. Mais à 250 lieues de chez moi, que faire ? Sans la passion que j'ai pour les sciences naturelles, sans le plaisir que j'éprouve dans la carrière de l'enseignement, il y aurait longtemps que j'aurais quitté la partie pour revenir à Agen, y végéter comme tant d'autres, et attendre patiemment le moment où tout finit, du moins dans ce bas monde.

« Je n'espère point de changement à mon sort. On m'a promis beaucoup ; on ne me tient rien. Et maintenant je regarde comme bonheur tout malheur qui ne m'arrive pas. Toutes ces idées me tracassent, me rendent presque malade. Je les chasse en tra-

---

[1] Lettre n° 69.

vaillant, et je travaille beaucoup pour en avoir le moins possible. Grâces au ciel, mes travaux ne sont pas infructueux et c'est le seul plaisir que j'éprouve [1]. »

Cependant les évènements se précipitaient en France. La parole était aux faits ; et les savants eux-mêmes, pour aussi désintéressés qu'ils fussent de la politique, partageaient, comme tout le monde, l'attente d'un ordre de choses plus stable et plus propice aux tranquilles études. La correspondance de Lamouroux avec Saint-Amans se fait plus rare. A peine, dans les lettres, d'ailleurs toujours très-amicales, qu'ils s'écrivent, est-il question d'autre chose que de la botanique ou de la communication de quelqu'un de leurs ouvrages.

« Les réquisitions nous écrasent, écrit Lamouroux, le 13 septembre 1813. Ce sont les fruits de la guerre. Ici on requiert les hommes, les chevaux, les enfants, l'argent. Au reste on est assez tranquille. Mais tout est d'une cherté excessive. Rien n'est bon marché. Le commerce est nul. Il n'est pas jusqu'à nos sociétés savantes qui ne soient divisées par la politique, etc. [2] »

Et le 3 mai 1814 :

« Voilà bien dix mois que je n'ai eu le plaisir de m'entretenir avec vous. Dans cet intervalle, de grands évènements ont eu lieu ; d'autres se préparent ; et à la guerre la plus sanglante semble succéder une paix qui peut-être sera plus longue qu'honorable. Mais en serons-nous plus malheureux ? L'avenir peut seul nous l'apprendre.... Qu'est devenu, au milieu de tous ces tracas, votre bon, aimable et fou Casimir?... Votre Flore Agenaise est-elle enfin terminée.... [3]

—« Les évènemens les plus désastreux se sont succédés depuis

[1] Lettre n° 70.
[2] Lettre n° 71.
[3] Lettres n°ˢ 72, 73.

la suspension de notre correspondance, écrit-il le 25 janvier 1816.
Deux fois les ennemis ont envahi notre belle patrie. Les Prussiens
ont passé trois mois à Caen ; et leur conduite a été telle que tout
le monde les déteste. Peu importe l'opinion, car ici il y a par
malheur trois partis : les royalistes, les modérés et les bonapar-
tistes. Quant à moi, je pense qu'il ne peut y avoir de bonheur
pour la France qu'autant que les Français seront soumis aux lois,
dévoués au Roi, et se rallieront autour de la charte. Les mau-
dits Anglais voudraient encore une Révolution pour avoir occasion de nous diviser. Que notre union fasse leur désespoir, et
puissent-ils périr de rage [1]. »

— En même temps que la paix renaissait en France, la situation de Lamouroux s'améliorait, et un éclair de bonheur
venait traverser son ciel jusque-là si fort assombri. Maître
incontesté dans le domaine des plantes marines, ses travaux
étaient universellement appréciés. Son dernier ouvrage,
l'*Histoire générale des Polypiers*, sur lequel nous reviendrons en traitant de sa bibliographie, fut en quelque sorte
le couronnement de ses études naturelles. Il lui valut de
nombreuses félicitations de la plupart de ses anciens amis
de Paris, tous arrivés à de hautes situations, et par dessus
tout la récompense la plus flatteuse à laquelle il put pré-
tendre. Le premier corps savant du monde le reçut au
nombre de ses membres. Il fut nommé Correspondant de
l'Institut, le 1er décembre 1817. Et comme, paraît-il, ici-
bas un bonheur n'arrive jamais seul, à cette même époque
il se maria.
Le 25 mars 1818, il annonce déjà, en ces termes char-
mants, cette bonne nouvelle à son vieil ami d'Agen :

« ...Quant à moi, m'attachant beaucoup plus à la nature vivante
qu'à la nature morte, je me suis fixé auprès d'un être qui fera,
je l'espère, mon bonheur ; et si la science y perd quelque chose,

---

[2] Lettre no 74.

les jouissances que l'on peut avoir dans ce bas-monde seront pour moi plus nombreuses. Bref, je me marie avec une femme que j'aime depuis bien longtemps, et quoique d'extraction noble, quoique fille adoptive de Monsieur le baron Demortreux, ancien collègue de Godailh, elle n'en est pas plus fière. »

Et quelques jours plus tard, le 12 mai :

« Je laisse de côté toutes les choses aimables que vous avez la bonté de me dire dans votre charmante lettre du 7 du passé, tant sur mon mariage que sur le nouveau titre littéraire que j'ai eu le bonheur d'obtenir. Je le dois à l'amitié des membres de l'Institut. Si on l'avait donné au vrai mérite, au talent modeste, mon maître en histoire naturelle aurait été choisi. Mon mariage n'est pas encore terminé et ne le sera au plus tôt qu'à la fin du mois prochain. J'ignore à quelle époque j'irai visiter les bords de la Garonne. Je ne mourrai pas sans y faire quelques voyages, pourvu que Dieu prolonge ma vie encore quelques années ! ' »

— « L'amour de l'histoire naturelle, écrit à cette occasion son frère le Dr Jeannin Lamouroux, est loin d'exclure les affections les plus tendres. Et ce n'était pas sans un profond chagrin que Lamouroux se voyait obligé de vivre si loin du foyer domestique. Peut-être même eut-il de bonne heure sacrifié les avantages de sa place de professeur, pour retourner à Agen au sein de sa famille, si l'esprit, l'heureux caractère et les vertus de la femme qu'il épousa, ne lui eussent fait penser qu'il pouvait, avec le bonheur du mariage, trouver sur les rives de l'Orne une nouvelle patrie. Peu de temps après son arrivée à Caen, il aima Mademoiselle Félicité de Lamariouze; mais ce ne ne fut que six ans plus tard, en 1818, qu'il lui donna sa foi. Une année ne se fut pas écoulée que cette épouse chérie le rendit père d'un fils, dont il voyait avec joie se développer les heureuses dispositions ². »

Dans les nombreux manuscrits de l'auteur de ce dernier article, manuscrits tous déposés, ainsi que nous les énumé-

---

¹ Lettres nᵒˢ 78, 79.
² Notice biographique, par le Dr J. Lamouroux.

rerons, aux Archives départementales de Lot-et-Garonne,
comme dons de Mademoiselle Camille Lamouroux, se trouve
un petit cahier, de minime apparence, rempli de poésies en-
fantines, composées dans sa jeunesse par Jeannin Lamouroux. A la suite des premières pages, l'auteur a formé tout
un « *Recueil des couplets chantés au mariage de J.-V. Félix
Lamouroux avec Félicité de Lamariouze.*» C'est le cérémo-
nial complet, détaillé et fort curieux, d'une noce en Normandie au commencement de ce siècle. Nous ferons, on le
pense, grâce à nos lecteurs des dix ou douze pièces de vers,
chansons, madrigaux, rondes, couplets de toutes sortes, qui
furent chantés à cette occasion par chacun des gens de la
noce. Quelques-uns sont fort jolis et mériteraient d'être re-
produits. Mais le cadre de cet article, forcément restreint, ne
nous le permet pas.

Disons simplement que, tout d'abord, une scène lyrique où
figuraient Minerve et Momus fut jouée et chantée par Madame Gaultier et Monsieur le baron Demortreux, père
adoptif de la mariée. « A peine le dessert fut-il servi que
plusieurs voix demandèrent la nomination d'un Président
ou Roi du festin. » M. Demortreux, ayant été élu à l'unanimité, se leva, porta la santé des deux mariés et chanta des
couplets de circonstance.

Vint ensuite le tour de Mademoiselle Victorine Fleuriot,
« amie intime de la mariée et sa *première couche-bru* (sic,»
qui chanta une chansonnette composée par elle. Le Dr J.
Lamouroux, invité par le Président, chanta ensuite une chanson « dans laquelle, sans application particulière, il fit l'éloge du bonheur tranquille que l'on peut trouver dans une
sphère peu étendue, plutôt que sur le grand théâtre du monde. » Mademoiselle Noémie Gaultier, âgée de neuf ans, chanta
après de ravissants couplets, « de la compositon de M. Demortreux. » Puis, chanson de Madame Demortreux, toast
du Dr J. Lamouroux, chanson de Monsieur Charles de La
Mariouze, frère de la mariée, couplets de Mademoiselle

Hébert, seconde couche-bru de la mariée, couplets chantés par la mariée elle-même, chanson de Monsieur le docteur Boucher, où il est fait de gaies allusions aux gasconnades et à l'accent agenais, couplets chantés par la mariée, etc. « Tous les couplets ayant été chantés, Madame Demortreux demanda la parole au Président et invita toutes les dames pour se réunir à elle, afin de porter la santé des Messieurs, à laquelle santé les Messieurs se hâtèrent de répondre. On fit alors circuler une corbeille de bonbons à devises : celles des Messieurs étaient bleues, et celles des Dames roses, afin que celles qui se trouveraient un peu libres ne fussent ni lues ni chantées par les Dames. » A en juger par la lecture de quelques-unes de ces devises, cette précaution n'était pas en effet inutile.

« Après qu'on eut lu ou chanté les devises, nous apprend toujours le curieux petit manuscrit, chaque cavalier embrassa ses voisines de droite et de gauche ; puis où quitta la table et l'on alla dans le salon, où, selon l'usage normand, l'on se donna le baiser d'union. Lorsqu'on se fut un peu reposé, c'est-à-dire après trois quarts d'heure de causerie, on dansa une ronde. Enfin, après cette ronde, chacun donna à toutes les dames le baiser de paix et se retira. On alla coucher, c'est-à-dire sa maman et sa tante allèrent coucher les mariés. Il était minuit et demi. »

Nos mœurs sont tellement changées à leur désavantage qu'il ne nous a point paru inutile d'esquisser la physionomie de cette fête de famille, autrement plus simple, plus naturelle et plus gaie que ne le sont les mariages affairés, luxueux et guindés d'aujourd'hui.

— Au milieu de sa joie et de sa nouvelle situation, Lamouroux n'oublia ni la science, qu'il continua d'enrichir de précieuses découvertes, ni la botanique, sa distraction toujours favorite, ni sa ville natale qu'il ne cessait de regretter, ni ses anciens amis d'Agen. La jolie lettre suivante à Saint-Amans en fait foi :

« Monsieur, quoique je sois privé de vos nouvelles, depuis environ un an, je ne vous oublie point, et je pense toujours à celui à qui je dois mes premières notions en histoire naturelle et des leçons aussi savantes qu'intéressantes sur la plus aimable des sciences, sur la botanique. Je voudrais être encore à portée de les suivre, et parcourir avec vous le beau pays qui nous a vus naître. Je le préfère à tous les autres, et rien ne pourra jamais effacer de mon souvenir le vallon de Vérone, la grotte et la fontaine de Scaliger, les bords riants et fertiles de la Garonne, un peu décriés par ceux qui ne les connaissent pas. L'intérêt que je porte à mon pays n'est refroidi ni par l'absence, ni par le temps. Je veux lui en donner un nouveau témoignage, en lui procurant la plus belle espèce de blé que les cultivateurs de la Normandie aient jamais vu. Ce blé est originaire d'Angleterre et fut envoyé à M. Weaterof, membre de notre Académie, par son frère, célèbre agriculteur. Le nombre des grains était peu considérable. Il y avait à peine de quoi ensemencer quatre toises de superficie. Il fut semé très-clair dans un terrain d'une qualité ordinaire. Lorsqu'il fut près de sa maturité, tous les cultivateurs, tous les fermiers instruits sont venus le voir, et tous se sont accordés pour le regarder comme le plus beau et le plus productif de tous les blés connus en Normandie, de mémoire d'homme. Je vous envoie un peu de cette semence précieuse. Distribuez-le parmi nos collègues les plus zélés. N'oubliez pas surtout d'en donner une bonne partie à mon respectable père, bien persuadé que ce ne sera pas celui qui le soignera le moins bien. Je vous prie de me tenir au courant des résultats de cet essai [1]. »

Le peu de temps que lui laissaient ses cours et ses nom-

---

[1] Lettre n° 77. Ce blé est nommé par Lamouroux, dans une autre de ses lettres, blé *Lamma*, « ainsi appelé par les Anglais à cause du lieu où ils l'ont tiré; il est rouge. » Lamouroux lut à la société de Caen, sur cette curieuse espèce, un rapport qui fut imprimé dans plusieurs périodiques. Voir sa bibliographie.

breux travaux, Félix Lamouroux allait le passer à Paris, où
habitait déjà son frère Jeannin, docteur en médecine. Il y
fit à cette époque deux ou trois voyages, dont il rend compte
à Saint-Amans. C'est en septembre 1819 qu'il a vu chez
son frère le premier prospectus de la *Flore agenaise*, qu'il
lui tarde tant d'avoir sous les yeux. Il félicite Saint-Amans
de se décider à la publier.

« La province prouvera bientôt à Messieurs les Parisiens, lui
dit-il, à la date du 10 mars 1820, que leur capitale n'est plus un
lieu privilégié et que l'on sait faire quelque chose de bon ailleurs
que dans la moderne Babylone. »

Puis il l'entretient de ses études sur les Polypiers et les
Thalassiophytes, et il se plaint d'être oublié de sa famille.

« Aucun de mes beaux-frères, aucune de mes sœurs mariées ne
m'écrit. Cependant, je ne leur en veux pas, bien au contraire. Le
jour où je pourrai leur être utile sera le plus beau de ma vie.
Donnez-moi souvent de leurs nouvelles. »

Et, le 5 septembre 1820,

« Qu'il me tarde de recevoir votre Flore ! Elle sera pour moi le
journal de ce qui m'est arrivé pendant les quinze plus belles années de mon existence. Que n'en ai-je profité ? Que ne les ai-je
mieux employées ? Mais chassons ces idées et ne regrettons pas le
passé[1] ! »

Lamouroux se décida à cette époque à faire à ses élèves,
chaque jour plus nombreux, un *Cours de Géographie physique*, qu'il publia dans la suite et qui est une de ses meilleures productions. Comme il le dit dans une de ses lettres, ce
cours fut son *enfant gâté*. Voici comment il y fut amené :

« Il faut de temps en temps amuser les élèves, écrit-il le 5 septembre 1820. L'été, j'ai la botanique. Mais l'hiver, que faire ? De la
minéralogie ? Il n'y a pas de minéraux à la Faculté. De l'anatomie
comparée ? C'est une science trop abstraite. Alors je me suis atta-

[1] Lettre n° 80.

ché à la *Physiologie générale* composée, comme supplément du
cours de philosophie : et, ce cours, que j'ai fait plusieurs fois, a
toujours été très-suivi. Mais on ne peut sans cesse dire les mêmes
choses. Pour varier, j'ai alors décrit aux élèves tous les phéno-
mènes de la nature, qui ont rapport au globe terrestre. La première année, je suivis en partie le second volume de la géographie
de Maltebrun. Le second cours, le plan fut changé, et j'ajoutai
tout ce que je pus trouver dans les auteurs que je consultai. Le
troisième cours, je dictai aux élèves ce que j'avais copié. Le quatrième, tout fut changé. Ce fut un cours nouveau. Plus de cinquante élèves le suivirent avec assiduité. Dès lors, je rédigeai cet
ouvrage pour le faire imprimer. C'est un précis de mes leçons. Il
est distribué en quatre parties : 1re partie, astronomie ; 2e partie,
atmosphère ; 3e partie, eau ; 4e partie, terre. La première est la
plus courte et ne doit être considérée que comme une introduction
aux deux autres [1]. »

Ce travail fut publié pour la première fois, à Caen, en
1821. Le premier exemplaire fut envoyé à Saint-Amans, par
lettre du 18 octobre :

« C'est une bagatelle, lui dit-il, mais elle m'a coûté plus de
peine qu'un gros livre. Tel qu'il est, je vous l'offre. Puisse-t-il
mériter votre suffrage. C'est un de ceux que j'apprécie le plus. »

Et ailleurs :

« J'ai reçu votre *Flore Agenaise* [2]. Je l'ai parcourue avec le plus
grand plaisir. Il me semblait être à Agen au milieu de nos belles

---

[1] Lettre n° 81. — Voir : *Résumé d'un Cours élémentaire de géographie physique* par J.-V.-F. Lamouroux. 2e Edition. Paris. Verdière,
1829.

[2] *Flore Agenaise* ou *Description méthodique des Plantes*, observées
dans le département de Lot-et-Garonne et quelques parties des départements voisins. — Agen, Pr. Noubel, 1821. In-8° de 632 pages
et atlas de 12 pl. C'est le meilleur ouvrage de tous ceux qu'écrivit Saint-Amans. Il le doit en partie à la précieuse collaboration
de Chaubard et de L. de Brondeau.

campagnes. Que de souvenirs cet ouvrage a fait naître ! Que de comparaisons de ce que j'étais, de ce que je suis[1] ! »

Lamouroux s'occupait en même temps de son histoire des plantes de la mer, et il collaborait à l'*Encyclopédie méthodique*, ainsi qu'au *Dictionnaire classique d'histoire naturelle*.

— Tant de travaux finirent par altérer sa santé. Il se rendait très-bien compte de son état ; et, dès ce moment, perce dans toutes ses lettres un pénible sentiment de découragement comme de tristesse, avec le regret, toujours plus prononcé, d'être éloigné de son cher Agen.

« Ma santé est mauvaise, écrit-il le 20 décembre 1821. Il y a deux mois que je souffre. Cet état maladif, causé par les inquiétudes qui m'arrivent de tous les côtés, principalement de mon cher pays[2], influent beaucoup sur mes travaux. Ils languissent. Je n'ai plus l'ardeur, l'activité nécessaires pour des ouvrages un peu longs. Cela reviendra peut-être ; mais j'éprouve plus que jamais que la tranquillité est indispensable pour les travaux de cabinet[3]. »

Et deux ans après, le 9 mars 1823 :

« Ma santé n'est pas très-bonne. Je ne la soutiens qu'au moyen du régime... Mes travaux avancent lentement ; de longtemps je ne ferai rien paraître... Ma famille n'a pas augmenté et rien n'indique qu'elle doive augmenter. Depuis deux mois je vis dans les réparations, et dans quinze jours j'habiterai ma nouvelle maison. J'ai déjà commencé à déménager.

.... Parlez-moi longuement d'Agen, de Chaubard, de Brondeau, de Godailh, de la brillante phalange de botanistes que vous avez formée. Vous ne sauriez croire le plaisir que j'éprouve à vous

[1] Lettres nᵒˢ 82, 83.
[2] Son père était mort peu de temps avant, et le partage de sa succession donna lieu à quelques difficultés de famille.
[3] Lettre nᵒ 84.

lire ! Plus votre lettre sera longue, plus elle me prouvera votre amitié ! En vous lisant, je me transporterai aux lieux de ma naissance, j'oublierai un instant les brouillards humides de l'Orne, la froide humidité de la Normandie, pour le beau ciel des bords de la Garonne. Je me croirai aux beaux jours de ma jeunesse, et l'illusion ne cessera qu'à la fin de votre lettre. Il dépend de vous de la prolonger et de me rendre momentanément heureux. Réparez la rareté de vos lettres par la longueur de celle que j'attends, et vous obligerez votre ancien élève, votre ami. »

Et il ajoute en post-scriptum :

« Je ne vous parle point politique ; que vous dirais-je ? Les Anglais jadis si nombreux à Caen se retirent peu à peu dans leur pays. Il n'en revient pas. Ils commencent à croire à la guerre, non-seulement avec l'Espagne, mais même avec eux. Les grands politiques prétendent que la France est entraînée par le Nord ; que la guerre avec l'Espagne n'est que secondaire ; que la grande question est de savoir si la guerre aura lieu entre la Russie et l'Angleterre, et si la France ou l'Espagne seront le théâtre où cette grande affaire se décidera. Au milieu de tous ces débats, je dis et je dirai toujours : « Des orages des Révolutions, délivrez-nous, Seigneur [1]. »

Enfin, un mois après, le 21 avril 1823, il dit encore à Saint-Amans :

« Vous êtes la seule personne d'Agen qui me parle de ce qui se passe dans mon pays. Les autres se bornent à quelques lignes d'affaires ou de compliments, et ne me disent pas un mot de mes amis, de mes anciennes connaissances. Daignez les remplacer. C'est un témoignage d'amitié que j'ose réclamer et que j'attends de vous d'après le prix que j'y attache... Avez-vous reçu ma petite notice sur les *Aras bleus* que je vous ai envoyée ?... Je ne pense guère m'absenter ; mon Cours m'en empêche ; du reste la gaieté disparaît et la partie de plaisir devient sujet de peine et de regret... Que font tous les savants d'Agen ?... Le canon a grondé

---

[1] Lettre, n° 85.

en Europe. Je déteste les Révolutions ! Je suis dévoué au gouvernement actuel, et je crains tous les évènements qui pourraient
nous livrer aux anarchistes, aux amis du désordre, aux révolutionnaires. Au reste, nous sommes fort tranquilles dans ce pays,
et personne n'a la moindre envie de se soulever en faveur des
Cortès [1] ! »

Malgré le bonheur parfait dont il jouissait dans son ménage, malgré ses succès universels, les tendres soins de son
épouse bien-aimée, la joie de revivre dans son enfant, Lamouroux sentait ses forces, jadis surmenées, décroître peu
à peu, et la vie lui échapper. Il n'avait que quarante-quatre
ans, et déjà il avait le pressentiment de sa mort prochaine.
Nous ne pouvons nous empêcher, bien que les citations de
sa volumineuse correspondance aient été déjà ici par trop
longues et que nous ayons abusé, en en reproduisant les
principaux fragments, de la patience de nos lecteurs, de
donner in extenso la quatre-vingt-huitième et si touchante
lettre qu'il écrivit de Caen à son maître vénéré, le 6 juin
1824. Ce devait être la dernière ! Elle clot, mieux que nous
ne saurions le faire par d'inutiles réflexions, cette longue
série d'épreuves d'une existence si mouvementée et toujours
si intéressante :

« Mon cher maître, j'ai reçu seulement depuis quelques jours
votre lettre beaucoup trop courte du 14 février, et les imprimés
qu'elle renfermait. Je n'ai pas répondu de suite parce que je vou-
lais vous annoncer l'envoi d'un petit opuscule dont notre Académie a ordonné l'impression [2]. J'en ai fait tirer quelques exemplaires à part. Je vous prie d'en accepter un et d'en offrir un
autre à l'Académie d'Agen. Vous ayant pour interprète, je suis
sûr que mon hommage sera favorablement accueilli de mes con-
frères, de mes compatriotes.

---

[1] Lettre, n° 86.
[2] *Mémoire sur la Distribution géographique des plantes marines.*

8.

« Je voudrais vous écrire longuement, vous parler de mes travaux ; mais tant de souvenirs de mes jeunes années viennent brouiller mes idées, qu'il m'est difficile de dire ce que je voudrais et surtout comme je le voudrais. Qu'y faire ? Il me semble que je serais encore heureux si je pouvais herboriser dans votre beau jardin, dans ce bois où vous avez réuni tant de plantes rares, sur ce coteau que vous avez embelli de plantations pittoresques [1]. Que nos courses sont différentes de celles que nous faisions dans le vallon de Foulayronnes, au bois des Jésuites [2], dans les marais de Brax, dans les bois de Beauregard, etc. Plus l'âge vient, et plus je regrette le beau ciel de mon pays. Les bords de la mer, quoique si intéressants pour mes études, ne me consolent pas de ne plus voir les bords de la Garonne ; et je dis souvent, avec un ami que j'ai perdu :

Adieu, fleuve qu'on calomnie ;
J'ai vu, sur ton bord regretté,
Des gens qui pour la vérité
N'avaient aucune antipathie ;
Et je sais plus d'un jeune amant
Qui, dans sa coupe rubiconde,
A versé les flots de ton onde
Sans rester souple comme un gant.

---

[1] Nous possédons, les ayant acquis il y a peu de temps pour une somme des plus modiques dans une vente publique, deux crayons de Parfait-Lumière, ancien professeur de dessin à l'Ecole Centrale de Lot-et-Garonne, contemporain et ami intime de Saint-Amans, représentant, l'un, une *Vue perspective du jardin de Saint-Amans, en août 1803* ; l'autre, le dessin d'un *Pont formé par des arbres dans le parc de Saint-Amans*, de la même époque. Longtemps suspendus aux murs du cabinet d'histoire naturelle du château de Saint-Amans, ces dessins ont partagé le sort déplorable de la précieuse collection qu'il renfermait. Nous les avons sauvés du naufrage, heureux de les conserver et de retrouver en eux la reproduction si exacte et si pittoresque de la description qu'en fait ici Lamouroux.

[2] Bois de Darel.

Adieu, délicieux rivage,
Dont l'aspect me rendait heureux !
Adieu, quinconce, dont l'ombrage
Du Dieu du jour brave les feux !
Adieu, long tapis de verdure [1],
Où, mainte beauté, vers le soir,
Venait montrer une parure
Qu'elle empêchait d'apercevoir !
Adieu, prêtre de la Nature,
Qui m'en fis goûter les attraits ;
Qui, d'une voix facile et pure,
M'instruisis de tous ses secrets !
Adieu.... [2]

« Ma mémoire me fait faux-bond !... Que dirais-je de plus ? Ces vers expriment bien ce que je pense. Cependant je ne voudrais pas être seul sur les bords de la Garonne. Je voudrais ne les avoir jamais quittés, ou y conduire avec moi une femme que j'aime et qui depuis six ans me rend heureux, un enfant qui joue autour de moi et dans lequel je me vois renaître. Si je pouvais les conduire à Saint-Amans, vous les présenter et vous dire : J'ai quitté la Normandie pour toujours ; je viens mourir où je suis né ; mais je ne mourrai pas tout entier ; mon fils me succèdera et n'oubliera jamais le nom de mon premier maître en histoire naturelle. Plus l'âge vient et plus le souvenir de mon pays me tourmente ! Je ne l'oublie qu'auprès de ma femme et de mon fils. Mais laissons ce sujet.

« Connaissez-vous le *Buffon nouveau* dont je dirige l'édition ? C'est un travail immense qui me donne beaucoup de peine et peu de profit. J'ai été entraîné dans cette entreprise par des considérations particulières. Elle m'a donné tant d'ouvrage pendant six mois que j'ai fini par en devenir un peu malade. Le repos m'a guéri. Je ne vous parlerai pas de mes autres travaux. Attendons qu'ils soient finis.

---

[1] La promenade du Gravier.
[2] Nous ne savons quel est l'auteur de ces vers, assez médiocres du reste, sur les attraits d'Agen.

« Sans la crainte de vous ennuyer, je causerais encore avec vous. C'est un délassement, un plaisir pour moi. Mais il faut s'arrêter. Je termine donc mon bavardage, en vous priant de me rappeler au souvenir de tous nos amis et de me croire pour la vie le plus reconnaissant et le plus dévoué de vos anciens élèves.

« LAMOUROUX [1]. »

Ainsi que l'exprime si bien son frère, qui partagea intimement ses joies comme ses douleurs, « les désirs de Lamouroux étaient satisfaits ! La félicité qu'il goûtait au sein de sa famille nouvelle, l'estime que lui manifestaient les hommes les plus célèbres dans les sciences, l'aisance qu'il s'était créée par ses travaux, aisance infiniment plus précieuse que celle que nous devons au hasard de la naissance... tout devait le faire placer parmi les heureux du monde .. lorsque, dans la nuit du 25 au 26 mars 1825, à peine au milieu de sa carrière, doué d'une constitution vigoureuse, l'imagination pleine d'un avenir de bonheur, il fut enlevé à sa famille et à ses nombreux amis par une apoplexie foudroyante [2]. » Il n'avait que quarante-cinq ans !

Nous ne croyons pouvoir mieux honorer sa mémoire, et la faire revivre dans l'esprit de nos contemporains, qu'en reproduisant ici les quelques lignes fort justes que lui consacre son collègue Eudes Deslongchamps, à la fin de sa notice biographique et de l'énumération de ses multiples travaux :

« On peut juger par les nombreux écrits qu'a publiés F. Lamouroux combien ce savant était laborieux ! Il avait du reste une grande facilité pour le travail. Ses occupations variées ne l'empêchaient pas de fréquenter la société qu'il aimait. Il y portait une gaieté franche et originale qui le faisait rechercher. On aimait sa conversation vive et animée qu'il savait assaisonner à propos de

---

[1] Lettre, n° 88.
[2] Notice biographique.

certaines tournures méridionales. Il consacrait les matinées au
travail ; néanmoins il admettait dans son cabinet, pendant ses
heures d'études, les personnes qui venaient le visiter. Il lui arri-
vait souvent de continuer d'écrire tout en prenant part à la conversation.

« Monsieur Lamouroux souffrait volontiers la critique et ne
trouvait pas mauvais qu'on ne fût pas toujours de son avis. Il
aimait à lire ses productions à ceux qu'il croyait propres à lui
donner des conseils utiles. Il discutait tranquillement les points
en litige et savait sacrifier sa manière de voir, quand il lui était
démontré qu'il en existait une meilleure.

« Notre collègue entretenait une correspondance active avec la
plupart des naturalistes d'Europe, qui, tous, l'honoraient de leur
amitié. Sa réputation européenne lui a ouvert l'entrée de la plupart des Sociétés savantes. Il était membre en effet des :

Académie royale des sciences de Paris ;
Société linéenne de Paris ;
Société philomatique de Paris ;
Académie royale de médecine de Paris ;
Académie des sciences, arts et belles-lettres de Caen ;
Société d'agriculture et de commerce de Caen ;
Société de médecine de Caen ;
Académie des sciences, arts et belles-lettres d'Agen ;
Société des sciences, belles-lettres et arts d'Orléans ;
Société d'histoire naturelle de Paris ;
Société d'agriculture de Quimper ;
Académie des sciences, arts et belles-lettres de Rouen ;
Société médicale d'émulation de Bordeaux ;
Société linéenne de Caen ;
Société d'agriculture, sciences et arts d'Evreux ;
Société de médecine, chirurgie et pharmacie d'Evreux ;
Société des sciences, agriculture et arts de Strasbourg ;
Société physiologique de Lund ;
Académie royale de Madrid ;
Académie des sciences, arts et belles-lettres de Turin ;
Société de physique de Genève ;
Société des curieux de la nature de Moscou ;
Société du Museum d'histoire naturelle de New-York.

« Monsieur Lamouroux mettait tous ses soins à augmenter ses collections. Il n'épargnait ni peines, ni dépenses. Chaque jour il les enrichissait de quelque nouvel objet. Mais, dans le choix qu'il en faisait, il cherchait plutôt à former une collection d'étude que de luxe. De toutes parts on lui faisait des envois. Il était rare qu'un navire du port de Caen arrivât de quelque voyage lointain, sans qu'il y eût pour le professeur d'histoire naturelle une petite caisse de varechs, de polypiers, de coquilles ou autres objets qui pouvaient l'intéresser.

« Sa collection de plantes marines était, comme on peut le penser, une des plus considérables de l'Europe. Les autres parties de la cryptogamie, quoique moins riches, n'étaient pas sans intérêt. Il n'existe peut-être pas dans le monde une collection de polypiers flexibles plus nombreux en espèces et variétés que celle qu'il avait formée. Il possédait également en polypiers pierreux, vivants et fossiles, en coquilles et en minéraux, des collections qui n'étaient point à dédaigner.

« Après la mort de F. Lamouroux, l'administration du cabinet d'histoire naturelle de Caen s'empressa de traiter avec sa famille pour acquérir ses belles collections ; et c'est particulièrement au zèle éclairé de M. de Magneville que la ville de Caen doit la possession de tous ces objets si intéressants pour la science et pour l'étude...

« Monsieur Lamouroux laisse un fils encore enfant, que les soins éclairés d'une tendre mère rendront digne d'hériter d'un nom devenu si justement célèbre [1] ».

— Peu de temps après sa mort, écrit encore son frère, le Dr J. Lamouroux, « les élèves de Félix Lamouroux et ses amis, à qui ses frères et sœurs vinrent se joindre avec reconnaissance, ouvrirent une souscription pour lui élever un monument funèbre. Elle fut promptement couverte ; et dans

---

[1] *Notice sur la vie et les ouvrages de J.-V.-F. Lamouroux*, par M. Eudes-Deslongchamps. Mémoires de l'Académie royale des sciences, arts et belles-lettres de Caen. Chalopin, 1829.

la partie occidentale du cimetière de la ville de Caen, on voit
aujourd'hui (1829), sur un socle de granit, entouré de quatre
cyprès et d'une grille de fer, une pyramide quadrangulaire,
surmontée d'une urne funéraire et portant sur sa face principale ce peu de mots :

A

LA MÉMOIRE

DE J.-V.-F.

LAMOUROUX,

NÉ, A AGEN, LE 3 MAI 1779,

DÉCÉDÉ, A CAEN, LE 26 MARS 1825 ;

SES PARENTS, SES ÉLÈVES ET SES AMIS

RECONNAISSANS [1] » .

BIBLIOGRAPHIE DE J.-V.-F. LAMOUROUX

Voici la liste des ouvrages de J.-V.-F. Lamouroux, d'après
l'ordre chronologique de leur composition [2] :

1° *Mémoire sur le rouissage de l'Agave Americana*, inséré
dans la *Décade philosophique* (1802) . Non tiré à part.

2° *Description de deux espèces inédites de varech, avec
une Note sur le varech polymorphe.* (Bulletin de la Société
philomatique, 1803). Non tiré à part.

3° *Dissertation sur plusieurs espèces de Fucus peu connues ou nouvelles, avec leur description en latin et en fran-*

[1] Notice biographique par le docteur J. Lamouroux. 1829.
[2] La bibliographie de J.-V.-F. Lamouroux a paru, presque complète, dans le remarquable travail, si utile pour les chercheurs, de
M. Jules Andrieu. (*Bibliographie générale de l'Agenais,* tome II,
p. 42). C'est à peine si, en ce qui touche cette nomenclature,
nous aurons à ajouter quelques titres nouveaux d'ouvrages de
notre oncle, échappés aux laborieuses recherches de notre savant
collègue, ou inconnus de lui.

çais Agen, Impr. R. Noubel. Se vend, à Paris, chez Treuttel et Wurtz. An XIII (1805). Grand in-8° de 36 pages avec 36 planches.

Ouvrage très-estimé, devenu fort rare aujourd'hui, où l'on trouve déjà le principe des vues philosophiques de Lamouroux sur la phytographie marine. Nous savons, par une de ses lettres, qu'il dédia ce premier ouvrage à Saint-Amans.

« Riche alors, nous apprend son frère, forcé d'ailleurs de voir autre part que dans les sciences ses plus graves intérêts, ce ne fut ni par calcul, ni pour se faire connaître comme botaniste que Lamouroux livra à l'impression ce premier ouvrage, dédié à Saint-Amans. Il voulut simplement payer un tribut de reconnaissance à son premier guide dans l'étude de l'histoire naturelle ». Deux compte-rendus furent consacrés à ce travail, qui parurent, l'un dans le *Moniteur universel* du 23 décembre 1807, l'autre dans le *Mercure* du 30 janvier 1808, p. 239.

« L'ouvrage que nous annonçons, dit le *Moniteur*, est à la fois le premier qui ait été fait en France et le meilleur qui ait été publié sur la grande famille encore obscure des algues marines..... Aucun des auteurs qui s'en sont déjà occupés n'avait observé ni connu un assez grand nombre de fucus pour établir leurs espèces d'après des caractères certains et pour fixer leur nomenclature. Les dissertations de M. Lamouroux répandent à cet égard le plus grand jour et traitent aussi de la physiologie de ces plantes, prises en considération jusqu'à présent par trop peu de naturalistes.

« A une introduction très-bien faite et qui offre des faits curieux, des généralités importantes sur les fucus. M. Lamouroux fait d'abord succéder une dissertation savante sur les nombreuses variétés du *Fucus crispus* de Linné..... »

Suit l'analyse détaillée des nombreuses autres espèces décrites par Lamouroux.

L'article finit ainsi :

« L'ouvrage de Lamouroux ne le cède ni par la beauté du pa-

pier, ni par celle de l'impression, à aucun ouvrage moderne sur
l'histoire naturelle. Il sera sûrement recherché par les amateurs
de cette belle partie des connaissances humaines, et il fera attendre avec impatience la publication de nouveaux fascicules que
l'auteur ne tardera pas à faire paraître. »

Le 1er fascicule a seul en effet paru. Mais l'auteur a complété son premier travail, en le fondant, dans la suite, avec
d'autres ouvrages généraux sur l'histoire des plantes marines.

Ce volume se trouvait déjà dans les rayons de la bibliothèque des Archives départementales de Lot-et-Garonne.
Exemplaire offert par l'auteur à M. Barlayrès.

4° *Mémoire sur plusieurs nouveaux genres de la famille
des algues marines*. (Journal de botanique, 1809). Non tiré
à part.

5° *Mémoire sur l'emploi du résidu des bases ou mordans
pour la couleur rouge*. (Inséré dans le Recueil des travaux
de la Société d'Agriculture, Sciences et Arts d'Agen. Tome II,
page 148, 1812.) Non tiré à part.

C'est pendant qu'il était encore à Agen, à la tête de la
fabrique d'Indiennes, créée par son père, que Félix Lamouroux écrivit ce mémoire ,« dans le but d'être de quelque utilité pratique aux fabricants de toiles peintes. » Il ne fut inséré que longtemps après son départ de sa ville natale.

6° *Mémoire sur la classification des Polypiers*. (Bulletin de
la Société philomatique, 1812.) Non tiré à part.

C'est l'introduction à l'*Histoire générale des Polypiers*, qui
parut postérieurement.

7° *Rapport sur le blé Lammas*, imprimé par ordre de la
Société d'Agriculture et de Commerce de Caen, en 1813, et
inséré dans plusieurs recueils périodiques.

Nous avons vu, dans une de ses lettres, en quels termes
touchants Lamouroux en envoie un échantillon à M. de Saint-
Amans, à son père et à ses concitoyens.

8° *Description de l'Ophiure à six rayons*. (Annales du Muséum. Tome xx. 1813. Planches.) Non tiré à part.

9. *Essai sur les genres de la famille des Thalassiophytes non articulées*. Paris (Caen), Gab. Dufour, 1813. In-4°, avec huit planches d'excellentes figures.

Ce travail qui fut d'abord inséré dans les Annales du Muséum d'histoire naturelle, tome xv, fit époque dans l'algologie.

« Le but principal de Lamouroux, nous dit son collègue à l'Académie de Caen, M. Eudes-Deslongchamps, était de démontrer qu'il existait parmi les plantes marines des ordres ou familles naturelles, comme il en existe dans les végétaux phanérogames, de faire connaître quels caractères pouvaient servir à établir ces familles, enfin de démontrer que l'anatomie des Hydrophytes était beaucoup plus compliquée qu'on ne l'avait cru jusqu'alors. Cet ouvrage n'embrasse point tous les cryptogames aquatiques, mais seulement celles qui ne sont point articulées, réservant pour un autre temps les hydrophytes, dont l'organisation semble établie sur un autre plan. »

Dans cet ouvrage, Lamouroux divise toutes les plantes marines non articulées en six familles : les *fucacées*, les *floridées*, les *dyctiotées*, les *ulvacées*, les *spongodiées*, et les *alcyonidiées*. Plus tard, la dernière de ces familles fut considérée par Lamouroux comme devant rentrer dans le règne animal ; et il divisa la première en deux autres : les *fucacées proprement dites* et les *laminariées*, qui en étaient un des plus beaux genres. Cette classification fut trouvée tellement claire et lumineuse, qu'elle fut de suite adoptée par tous les savants français. Bory de Saint-Vincent en fit un éloge public [1], « considérant ce travail comme le point de départ des progrès de notre époque dans l'hydrophytologie. Il fut, dit-il, la base de tous les travaux qu'on a faits depuis en

---

[1] Dictionnaire classique d'Histoire naturelle. Art. Hydrophytes.

ce genre; et quelques soins que certains auteurs étrangers aient mis à déguiser ce qu'ils y puisèrent, de tels emprunts frappent au premier coup d'œil dans tous leurs traités. »

Cet ouvrage, enrichi de planches parfaitement exécutées, et entièrement épuisé, manque malheureusement à la collection de Mademoiselle C. Lamouroux.

10° *Mémoire sur la Lucernaire Campanulée*. Paris, 1815. In-8°, pl. Extrait du tome II des Mémoires du Museum d'histoire naturelle.

11° *Prodrome à l'histoire générale des Polypiers flexibles*. Mémoire présenté à l'Institut et inséré dans le Bulletin philomatique (1815). C'est la préface de l'ouvrage qui suit.

12° *Histoire des Polypiers Coralligènes flexibles, vulgairement nommés Zoophytes*. Caen, imp. F. Poisson, 1816. In-8° de 560 pages, avec dix-neuf planches dessinées par l'auteur.

Comme celui sur les Fucus, cet ouvrage de Lamouroux eut un grand retentissement. Ce n'était pas cependant la première fois qu'on s'occupait « de ces plantes flexibles dont les formes et l'organisme sont si curieux, qui vivent si souvent en parasites sur les plantes marines, et qui parfois leur ressemblent tellement qu'on ne les en a pas toujours distingués. » Divers naturalistes en avaient déjà parlé. De ses voyages aux mers australes, le célèbre voyageur Péron avait rapporté de nombreuses espèces de Polypiers, jusque là inconnues, et dont la plupart furent communiquées à Lamouroux. « Il se livra sur elles à de nombreuses investigations, et il put, grâce à ces secours, donner le *species* le plus complet de ces êtres singuliers qui forment avec les microscopiques les derniers degrés de l'échelle animale.[1] »

Lamouroux y décrit cinquante-sept genres de Polypiers,

---

[1] Eloge de M. Eudes-Deslongchamps.

distribués en dix familles bien caractérisées, et disposés en quatre sections principales, savoir : 1° Les Polypiers Cellulifères, présentant des polypes dans des cellules non irritables ; 2° Les Polypiers Calcifères, offrant la substance calcaire apparente dans tous les états ; 3° Les Polypiers Corticifères, composés de deux substances, une extérieure et enveloppante, nommée écorce ou encroutement, et l'autre appelée axe, placée au centre ; 4° Les Polypiers Carnoides, formés d'une masse charnue entièrement animée, dépourvue d'axe central et couverte de polypes.

« Cet ouvrage, ajoute son frère le Dr Jeannin Lamouroux, a été si recherché qu'en très-peu de temps l'édition, tirée à mille exemplaires, en a été épuisée ; et, quand il s'en rencontre quelqu'un dans les ventes, on le paie trois et quatre fois sa valeur primitive. Une classification simple et claire, des détails pleins d'intérêt, et la description d'un grand nombre d'espèces nouvelles, en ont fait un livre indispensable pour ceux qui se livrent à cette branche de l'histoire naturelle. Ce fut peu de temps après sa publication que l'auteur reçut le titre honorable de Membre Correspondant de l'Institut de France, où il remplaça dans la section de zoologie le célèbre Scarpa, devenu alors associé étranger de ce premier corps savant de l'Europe (1818.) »

Aux Archives départementales de Lot-et-Garonne. Exemplaire de Monsieur A. Bartayrès, donné par M. Magen.

13° Exposition méthodique des genres de l'ordre des Polypiers, avec leur description et celle des principales espèces, figurées dans 84 planches, les 65 premières appartenant à l'Histoire des Zoophytes d'Ellis et de Solander. Caen, 1816. In-4°. 2° édition, Paris, veuve Agasse, 1821. In-4°, avec planches.

Un grand ouvrage anglais sur les Polypiers par Ellis et Solander fut traduit en français. L'éditeur chargea Lamouroux de cette publication. Ce dernier refondit entièrement l'ouvrage anglais et publia ce travail, suite du précédent, où il entreprit de faire connaitre tous les polypiers vivants et fossiles, qu'il distribua en trois grandes classes : 1° *Les Po-lypiers flexibles ou non entièrement pierreux* ; 2° *Les Po-lyp'ers entièrement pierreux et non flexibles* ; 3° *Les Poly-piers carnoïdes plus ou moins irritables et dépourvus d'axe central.* Quoique présentant moins de détails que le précé-dent, cet ouvrage embrasse un champ plus vaste, puisque l'auteur y décrit cent trente-cinq genres, distribués en vingt ordres.

14° *Mémoire sur le Tubipore-musique* ou animal musicien. Recueil des travaux de l'Académie de Caen, 1817. Non tiré à part.

15° *Rapport sur un Crocodile fossile des environs de Caen.* Paris, 1821. In-8°. Extrait des Annales générales des scien-ces physiques. Non tiré à part.

16° *Résumé d'un Cours élémentaire de Géographie physi-que, autorisé par l'Université pour l'enseignement de cette partie de l'histoire naturelle.* Caen, impr. Poisson . Paris, Verdière, 1821. In-8° de 368 pages.

Deuxième édition, publiée par le D' J. Lamouroux, avec notice et portrait par Madame Sophie Lamouroux, née Paganel. Paris, Verdière, 1829. In-8°, de 397 pages.

Le but de l'auteur, en publiant cet ouvrage, était, sans approfondir entièrement les grandes questions, de le rendre plus accessibles aux étudiants. Il ne se décida à le livrer à la publicité qu'après en avoir communiqué le manuscrit à Cuvier et à de Humboldt. Nous avons vu, dans les extraits précédents de ses lettres, ce qu'il en pensait et quel mal ce travail lui donna.

« On parla peu d'abord de ce travail, nous dit son frère, quoi-qu'il fut regardé par quelques savants comme une excellente in-troduction à l'étude des sciences naturelles en général. Mais, après la mort de l'auteur, l'édition en a été rapidement épuisée, et, cet ouvrage étant de plus en plus recherché, nous nous félicitons de pouvoir payer à la mémoire d'un frère chéri un hommage flat-

teur de reconnaissance, en publiant aujourd'hui une deuxième
édition de son résumé de Géographie physique [1]. »

Aux Archives départementales de Lot-et-Garonne. Don de
MM. Magen, Ph. Lauzun et de Mlle C. Lamouroux.

17° *Histoire des animaux rayonnés ou Zoophytes*. Com-
mencée dans l'*Encyclopédie méthodique*, avec la collaboration de Bory de Saint-Vincent, qui se chargea de l'histoire
des Microscopiques. Un premier volume parut seul en 1823,
jusqu'à la lettre E. Le second était commencé, lorsque la
mort vint surprendre J.-V.-Félix Lamouroux.

18° *Divers articles sur l'histoire des Hydrophytes*, publiés dans le Dictionnaire classique d'histoire naturelle, de
1822 à 1825. Non tiré à part.

19° *Notice sur les Aras bleus, nés en France et acclimatés
dans le département du Calvados*. Paris, imp. Tastu, 1823.
In-8° de 8 pages. Tiré à cent exemplaires, « où sont consignés de très curieux détails sur l'incubation de ces
oiseaux. » Lue à la Société de médecine de Caen.

20° *Notice sur la Mustée, poisson qui vit dans l'Orne*.
Caen. 1824. In-8°.

21° *Notice historique et descriptive sur l'établissement
du Bon-Sauveur de Caen , ou institution des sourds-muets*.
Caen, imp. Poisson, 1824. In-8° de 22 pages.

Lue à l'Académie de Caen :

« Cet établissement, dit M. E. Deslongchamps, est un de ceux
dont s'honore le plus notre ville. Dans un petit nombre de pages
bien écrites, Lamouroux s'est efforcé de retracer tous les genres
de bienfaisance que prodigue aux misères humaines un zèle ardent, soutenu par la religion. »

---

[1] Notice biographique par le Dr J. Lamouroux. Préface de la
2ᵉ édition du Cours de Géographie physique, Paris, 1829.

22° *Eloge de Monsieur Thierry*. Notice lue, en 1824, à la Société d'Agriculture de Caen. Non tirée à part.

23° *Œuvres de Buffon*. Nouvelle édition entreprise par Verdière, en 1824, et confiée à Félix Lamouroux.

« Lamouroux accepta, nous dit son biographe M. Eudes-Deslongchamps, les offres de cet éditeur, se gardant bien de rien tronquer dans l'œuvre première du grand naturaliste. Il trouvait absurde en effet de vouloir le tailler sur le patron des méthodistes. Pour lui, la meilleure manière de réimprimer ses œuvres était de le faire sur l'édition in-4° de 1749, en conservant les articles de Daubenton. Cette entreprise, faite par souscription, réussit. Elle marchait rapidement. Le 8° volume allait paraître, lorsque mourut subitement Lamouroux. Un moment interrompue, elle fut bientôt reprise par un de ses amis, M. Desmarets, naturaliste du plus grand mérite. »

Nous verrons dans la suite que son frère, le Dr Jeannin, ainsi que la femme de ce dernier, Madame Sophie Lamouroux, née Paganel, ne furent par les moindres collaborateurs de Félix Lamouroux dans cette œuvre colossale.

24° *Supplément aux Icones Zoophytorum* d'Esper, publié à Nuremberg. Non tiré à part.

25° *Mémoire sur la distribution géographique des Plantes marines*. Caen, 1825.

« Ce fut, nous dit M.E. Deslongchamps, la dernière production de Félix Lamouroux. Elle fut lue à l'Académie des Sciences de Paris et imprimée peu de temps après dans les *Annales des Sciences naturelles*. C'est le premier essai qui ait été fait sur la répartition des végétaux marins sur toute la surface du globe. »

Non tiré à part.

26° *Monographie des Laminaires*. Ouvrage qui n'a jamais été publié et que nous ne connaissons que par ce qu'en dit Bory de Saint-Vincent.

— Félix Lamouroux laissa un grand nombre de *Manus-*

crits : *Cours professés a la Faculté de Caen* ; *Essais interrompus* ; *Notes inédites sur les plantes marines*, etc., etc. Quelques-uns sont demeurés acquis à la ville de Caen : là plupart ont été dispersés et sont perdus. Seul, dans notre région, a été conservé par Monsieur le docteur Louis Amblard, à qui son oncle le docteur J. Lamouroux l'avait donné comme souvenir de famille, le *Cours de botanique*, professé autrefois par le célèbre naturaliste à la Faculté de Caen. Ce ne sont que des notes, mais qui révèlent suffisamment le talent du professeur.

Indépendamment de la gravure faite par sa belle-sœur Madame Jeannin Lamouroux, qui orne la seconde édition de la *Géographie physique*, on possède encore un beau portrait in-8° de J.-V.-F. Lamouroux, dessiné et gravé, d'après le dessin original de Colman, par Ambroise Tardieu [1].

---

[1] C'est celui que nous sommes heureux de pouvoir reproduire ici, en héliogravure.

Phot. Ph. *LAUZUN.*   Imp. Phot. *ARON Frères. Paris.*

JEANNIN LAMOUROUX

IV.

JEANNIN LAMOUROUX

(1792-1866).

———

Jean-Pierre Lamouroux, frère du précédent, naquit à Agen, le 12 février 1792. Il était le treizième enfant de Claude Lamouroux et de Catherine Longayrou. En souvenir dès hommes célèbres du moment et comme un hommage rendu à leur popularité éphémère, il reçut, en plus de ces deux prénoms, celui de Péthion, tristement illustré alors par le fameux maire de Paris, qui n'eut, on le sait, d'autre gloire que celle de laisser s'effectuer, sans y apporter la moindre résistance, les insurrections du 20 juin et du 10 août 1792, et aussi les ignobles massacres de septembre. Cette erreur de Claude Lamouroux, disons-le bien vite, fut peu de temps après avouée et reconnue par lui, qui demanda, avec le consentement du principal intéressé et de tous les membres de la famille, une modification à l'état civil. Elle lui fut accordée, et un jugement de rectification fut rendu le 30 décembre 1814, ordonnant la distraction de ce prénom de Péthion. Ce jugement fut enregistré sous le n° 388 du registre de l'état civil[1].

———

[1] Archives municipales d'Agen. État civil, Naissances. 12 février 1792.

9

Jean-Pierre Lamouroux, que ses parents surnommaient Jeannin, nom que nous lui conserverons dans la suite, fit ses études à Agen, et partagea de bonne heure avec son frère Félix le goût de la botanique et des sciences naturelles.

Elève de Saint-Amans, il était au premier rang de cette studieuse phalange, où se distinguaient déjà Chaubard, Brondeau, et bien d'autres plus modestes ; et, comme son frère, il voua à son maître vénéré une affection et un respect qu'il ne cessa toute sa vie de lui témoigner.

Lorsque son père eut, en 1805, perdu sa fortune, Jeannin Lamouroux n'hésita pas à demander au travail seul le pain qui allait lui manquer, et il étudia dès ce moment plus particulièrement la médecine et la pharmacie. Les évènements si mouvementés de cette époque extraordinaire allaient lui permettre d'entrer de bonne heure en scène, et de prendre une part effective aux affaires de son pays.

La guerre avec l'Espagne remua profondément notre contrée, qui se trouvait limitrophe. Le gouvernement fit appel, pour l'aider dans cette entreprise où il devait sombrer, à tous les dévouements des jeunes gens de la région du Sud-Ouest. Lamouroux y répondit ; et, dès 1809, c'est-à-dire à peine âgé de dix-sept ans, il se faisait commissionner par le ministre de la guerre pour l'armée d'Espagne, en qualité d'officier de santé de troisième classe.

« Jeannin; mon frère, écrivait de Paris Félix Lamouroux à Saint-Amans, le 3 novembre 1809, vient enfin d'obtenir le poste qu'il demandait. Il est parti pour l'Espagne. S'il arrive heureusement à Madrid, il y trouvera des amis. Bory de Saint-Vincent, qui m'a écrit en date du 6 octobre, le servira sous le triple rapport de botaniste, d'Agenais et de notre ami. Zéa et Ortega le feront travailler; il trouvera à Madrid des lettres pour ces Messieurs ; mais la meilleure de toutes est celle que Monsieur Parmentié a écrite à Monsieur M. Lambert, pharmacien en chef des armées d'Espagne;

pour l'engager à garder mon frère auprès de lui. Là, il pourra
s'instruire et faire de la botanique [1]. »

Lamouroux resta trois ans dans la péninsule, suivant les
vicissitudes de l'armée impériale, s'instruisant de bonne
heure à la grande école des souffrances et de l'adversité.
Les lettres qu'il écrivait à ses parents et surtout à son frère
étaient rares, et, le plus souvent, elles ne leur parvenaient
pas, les laissant dans la plus vive inquiétude sur son sort. Ce
fut bien pis lorsque, en l'année 1812, les désastres s'accumu-
lèrent, et que, par la faute des divisions survenues entre les
généraux de Napoléon, nos troupes, jusque-là invincibles,
durent céder devant les corps d'armée de Wellington. Quand,
au mois d'août de cette année, l'armée française fut obligée
d'évacuer Madrid et de battre en retraite sur Valence, elle
laissa dans les hôpitaux de la capitale espagnole une grande
quantité de malades et de blessés. « On les réunit au Retiro,
fortifié depuis longtemps contre les guérillas et le peuple de
Madrid, mais pas contre les attaques d'une armée régulière,
et on y plaça une garnison de douze cents hommes sous le
colonel Laffond. C'étaient douze cents hommes sacrifiés ;
car, par une négligence de l'état-major de Joseph, on ne
s'était pas même assuré si le puits du Retiro était pourvu
d'eau. Pourtant ces douzes cents hommes allaient rendre un
service important ; celui de sauver quelques mille malades
et blessés du fer des guérillas [2]. » On fit appel en même temps
aux officiers de santé qui consentiraient à demeurer, afin de
les soigner. Sept seulement répondirent. Jeannin Lamouroux était du nombre. Mais à peine les troupes de Wellington furent-elles entrées à Madrid, que quelques partisans
espagnols s'emparèrent de lui, et, malgré les lois de la
guerre, malgré celles plus puissantes de l'humanité, le livrè·

---

[1] Correspondance. Lettre nº 58.
[2] Thiers. *Histoire du Consulat et de l'Empire*. T. XV. p. 113.

rent, avec toutes sortes de mauvais traitements, aux Anglais.
Ceux-ci ne se montrèrent guère plus cléments. Ils le condui-
sirent à Lisbonne, et l'enfermèrent brutalement au bagne
avec les galériens. Puis, après quelques semaines d'atroces
souffrances, ils l'envoyèrent en Angleterre, où il resta vingt-
huit mois, dont sept sur les pontons de Porstmouth.

La chute seule de Napoléon mit un terme à sa dure cap-
tivité. Il rentra en France en 1814 et vint à Paris compléter
ses études médicales. Néanmoins, aux Cent Jours, il s'enrola
de nouveau dans le corps des artilleurs volontaires, offerts
par l'Ecole de médecine, ayant foi dans l'aigle impériale et
ne conservant dans son cœur qu'une haine impitoyable contre la gent britannique.

— A partir de la seconde Restauration, Jeannin Lamouroux
rentra dans la capitale qu'il ne devait plus jamais quitter. Il
se livra avec ardeur à l'étude de la médecine, et, en 1818,
il fut reçu docteur, avec une distinction mentionnée dans les
certificats de l'Ecole.

Les malheurs qu'il avait endurés n'avaient pas altéré son
goût toujours très-vif pour la botanique et les sciences naturelles Marchant sur les traces de son frère, qu'il prenait
comme modèle, et qui venait le conseiller de temps à autre
à Paris, il fut reçu, en 1821, membre de la Société Linéenne
de Paris, et, en 1823, correspondant de celle du Calvados.
Il prit en même temps une part active aux travaux de la Société pour l'amélioration de l'enseignement élémentaire, et
il fut même nommé inspecteur de cette société.

Comme son frère également, il avait conservé avec M. de
Saint-Amans, son premier maitre, les rapports les plus affec-
tueux et les plus reconnaissants. Il se plaisait à lui écrire, et
il l'entretenait, lui aussi, de tous les événements importants
de son existence. La botanique surtout faisait les principaux
frais de leur correspondance :

« La *Flore Agenaise,* lui écrivait-il, à la date du 21 mars 1820, c'est-à-dire quelques jours avant sa publication, est bien au-dessus de toutes les flores faites jusqu'à présent à coup de ciseaux. S'il m'est permis d'en juger par le peu que j'ai vu du manuscrit, elle sera ce que je ne crains pas d'appeler *une Flore d'après nature* ; et, si elle doit intéresser moins de monde que la Flore d'un empire, à cause du nombre moins considérable des plantes qui y seraient décrites, la qualité d'être le résultat d'un travail long et assidu, dicté plutôt par l'amour de la science que par tout autre motif, celle surtout de renfermer des idées générales sur l'histoire naturelle et des pensées critiques jetées à propos et d'un intérêt général, mettront cet ouvrage au-dessus de la plupart des Flores partielles plus ou moins étendues[1] ».

— « Vous me demandez ce que je fais à Paris ? lui écrit-il quelques mois après, le 24 août 1820. Habitant du quartier le plus populeux de Paris (55, rue Montmartre), je suis à portée d'apprécier ce que M. de Châteaubriand entend par un *vaste désert d'hommes*, et je puis non seulement me regarder comme Robinson dans son île, mais presque agir en conséquence, tant les hommes font ici peu d'attention les uns aux autres. Depuis deux ans que j'habite ce quartier, j'ai fait cependant assez de connaissances pour avoir de quatre à dix malades à visiter par jour. Comme il en est à peine le quart qui me paie, je suis loin de négliger l'occasion d'en acquérir de nouveaux ; et ce genre d'occupation ne laisse pas de me prendre beaucoup de temps que j'emploierais mieux selon mon goût, si je n'avais pas besoin de me former une clientèle. Cependant, je peux me livrer quelquefois à l'étude de l'histoire naturelle, surtout depuis quelques jours que j'ai eu l'occasion de faire quelques herborisations dans les environs de Paris avec un de mes malades, à qui j'ai donné quelques leçons de botanique. J'emploie aussi beaucoup de temps à suivre et à faire moi-même des expériences de physiologie, que je regarde comme les meilleures études médicales et le meilleur moyen de se mettre à l'abri des préjugés[2] ».

---

[1] Correspondance également inédite de Jeannin Lamouroux avec M. de Saint-Amans. (Propriété de M. le docteur Louis Amblard).
[2] Idem.

C'est l'époque où Jeannin Lamouroux préparait son *Résumé de botanique*, qu'il ne publia cependant qu'en 1826, et où il écrivait « à la charmante Sophie » ces jolies lettres sur l'attrait des fleurs et les plaisirs que procure l'étude de la nature, cherchant à lui inculquer le goût de l'histoire naturelle, et, avant d'en faire sa femme, à lui faire partager ses travaux et ses plaisirs. En rendant compte, à la suite, de son œuvre bibliographique, très-considérable, nous appellerons tout spécialement sur cette partie si intéressante de ses manuscrits l'attention de nos lecteurs.

« Un mariage que je désirais depuis longtemps, écrit-il le 6 juillet 1822, à Saint-Amans, et les occupations qu'il a exigées, m'ont forcé de paraître auprès de mes amis plus coupable que je ne le suis réellement. »

Jeannin Lamouroux épousa, en effet, le 18 avril 1822, demoiselle *Sophie Paganel*, fille de Pierre Paganel, ancien député du Lot-et-Garonne à la Convention nationale, plus tard secrétaire-général aux Relations extérieures, et finalement exilé en Belgique sous la Restauration. N'apportant d'autre fortune que sa merveilleuse beauté, Sophie Paganel possédait en outre une instruction des plus solides et un remarquable talent d'aquarelliste et de dessinateur. Elle s'intéressa toute sa vie aux travaux scientifiques de son mari, et elle y collabora, en dessinant d'abord, puis en lithographiant elle-même ces jolies planches, qui accompagnèrent ses ouvrages. Nous reviendrons longuement, à la fin de ce chapitre, sur les principaux travaux du docteur Lamouroux et les dessins de sa femme.

« J'ai été conduit, écrit-il, le 26 octobre 1823, à Saint-Amans, à faire un cours élémentaire de botanique, cette science aimable entre toutes, et lorsque je fus admis au nombre des membres de la Société Linéenne de Paris, je donnai pour mémoire le *Plan de ce cours élémentaire* en une vingtaine de pages ; et le *tableau du système de Linné*, que je vous priai d'accepter, en faisait partie.

Je vous prie de le regarder comme un hommage de ma reconnaissance envers mon premier guide dans l'étude de la nature [1] ».

— Plus qu'aucun autre membre de sa famille, Jeannin Lamouroux ressentit cruellement la mort soudaine, qui enleva son frère, J.-V. Félix, dans le plein épanouissement de ses facultés intellectuelles. C'était en effet son conseil, le meilleur de ses maîtres, le plus dévoué de ses amis. Au reçu de la fatale nouvelle, il partit pour Caen ; mais il ne put arriver assez tôt pour dire un dernier adieu à ce frère chéri. Ce ne fut qu'au bord de sa tombe, seul de tous ses frères et sœurs, qu'il lui fut donné de pouvoir lui exprimer sa reconnaissance et ses regrets. La lettre qu'il écrivit peu après à Saint-Amans, au sujet de ce douloureux événement, mérite d'être transcrite ici dans son entier.

« Paris, 16 Mai 1825. — Monsieur et respectable ami. Je profite du départ de mon neveu Vincent Amblard pour répondre à votre aimable lettre du 13 avril. C'est vous remercier un peu tard de la part que vous prenez à notre malheur. Mais, au moment où j'ai reçu votre lettre, j'allais partir pour Caen. Quel triste et pénible voyage ! Quand on a quelque motif pour craindre un événement funeste, on est moins atterré quand il arrive. Mais lorsque un malheur affreux, et hors de toute probabilité, vient nous frapper, nous restons pendant bien des jours et des mois dans le même état de douleur où nous a jetés la nouvelle fatale. C'est ce que j'éprouve en pensant à mon frère, et chaque jour me semble être à peine le lendemain de celui de sa mort. Aussitôt que je fus arrivé à Caen, j'allai visiter sa dernière demeure ; je donnai la main à son fils George, jeune enfant plein d'intelligence et de vivacité, que je n'avais encore pas vu et dont les traits me rappellèrent tout à fait ceux de son père. Il ignorait où nous étions, ce pauvre enfant ! Et, en me voyant les yeux fixés sur une terre qui paraissait fraîchement remuée, il me disait : « Pourquoi pleures-tu, oncle Jeannin ? Allons-nous en ! » Vous ne trouverez pas que

---

[1] Correspondance du Dr J. Lamouroux. N° 6.

je vous parle trop longuement d'un sujet qui vous intéresse presque autant que nous sans doute ; Lamouroux était votre ami et votre
digne élève. Sa perte a laissé dans la ville de Caen un grand vide.
Il y avait inspiré pour l'étude de la nature un goût qu'on ne connaissait pas avant qu'il y arrivât. J'y ai reçu des marques du
plus vif intérêt ; et ses nombreux élèves se sont réunis pour voter
un monument en son honneur [1] ».

Peu après, Jeannin Lamouroux envoyait à Saint-Amans un
portrait de son frère, tiré de la collection des naturalistes
célèbres. « Ses goûts et ses intérêts, ajoute-t-il, étaient inti-
mément liés aux miens. »

— Livré désormais à ses propres forces, le docteur Lamouroux fit marcher de front la médecine et l'histoire naturelle.
Absorbé par ses études et les soins qu'il donnait, également
empressés à chacun de ses clients, qu'il fût pauvre ou riche,
il jouissait parmi ses collègues de l'estime générale, en même
temps qu'au sein de sa famille, qui s'augmentait rapidement,
d'un bonheur sans nuages.

« Vous voyez, écrit-il à son vieil ami d'Agen, le 21 novembre
1837, sur une lettre de part de la naissance de sa troisième fille,
par la circulaire ci-jointe, mon surcroît féminin de famille. Il
paraît que le Ciel ne m'a pas laissé le soin de propager le nom
de Lamouroux. Au reste, ma femme et ma dernière petite
fille, qui, me dit-on pour me consoler, complète les Trois Grâces,
se portent à merveille, et voilà le principal... »

En même temps qu'il faisait partie des principales sociétés scientifiques de la capitale, Jeannin Lamouroux, sur
la présentation de Saint-Amans, était reçu à l'unanimité
correspondant de la Société Académique d'Agen, dont son
frère avait été membre, et qu'avait fondée son père Claude
Lamouroux.

----

[1] Correspondance. n° 7.

« Monsieur le Secrétaire perpétuel, lui écrit-il, le 2 mars 1828, il me serait bien difficile de vous exprimer tout ce que j'ai éprouvé à la réception de votre lettre du 17 janvier et du diplôme dont elle était accompagnée. Mon respectable père, mon beau-père monsieur Paganel, eurent la gloire de figurer parmi les fondateurs de la Société d'agriculture, sciences et arts d'Agen ; et bien jeune encore, mon frère l'aîné fut admis au nombre de ses membres. Ces trois hommes estimables, qui eurent tant de droits à mon attachement, dont la perte me semble encore toute récente, ont sans doute par leurs travaux assidus contribué à son lustre, puisque je dois à leur mémoire le titre honorable que je reçois aujourd'hui. Je le regarde comme un puissant encouragement, et je vous prie de faire agréer à mes nouveaux collègues les sentiments de la vive reconnaissance, avec lesquels j'ai l'honneur d'être leur très humble et très-obéissant serviteur et dévoué collègue [1] ».

À Paris, vers cette époque, J. Lamouroux joua un rôle important, aussi bien pendant les journées de Juillet, où il paya de sa personne, que dans la première épidémie de choléra, durant laquelle il s'installa nuit et jour, pendant des mois à la tête d'un hospice provisoire, qui, sur sa demande, avait été créé rue de Clichy. Membre du bureau de bienfaisance de son arrondissement, membre du Conseil d'hygiène et de salubrité, Lamouroux n'épargnait ni ses peines, ni son temps, pour se dévouer entièrement à sa nombreuse clientèle. L'amour des pauvres, les soins à leur donner, étaient ses constantes préoccupations. Praticien aussi éclairé qu'habile, ami des plus grands savants de son temps, il reçut la récompense qui, seule, était due à son zèle comme à son talent. Il fut fait, en 1835, chevalier de la Légion d'honneur, « pour sa belle conduite pendant le choléra. »

— Quand elles ne conduisent pas, ce qui est malheureusement le cas le plus fréquent, au matérialisme et à l'athéisme

[1] Correspondance du Dr J. Lamouroux. N° 11.

qui semblent en être la conséquence, il est rare que les études scientifiques n'amènent pas, en sens diamétralement
opposé, ceux qui les cultivent, à une foi profonde, à une philosophie toute spiritualiste, à un amour ardent de la religion, dans son sens le plus élevé et le plus chrétien. C'est ce
qui arriva pour Jeannin Lamouroux. Né à l'heure la plus
mauvaise de notre histoire, alors que tout s'effondrait aussi
bien dans le monde politique que dans l'ordre spirituel et
moral, séparé brusquement et de bonne heure de ses parents, livré à lui-même, dominé par toute la fougue de son
tempérament méridional, J. Lamouroux n'eut longtemps
d'autre religion que la religion naturelle, d'autre culte que
celui de l'Etre suprême et de la Nature qu'il chérissait par
dessus tout.

Peu à peu cependant ses idées se modifièrent ; son esprit
fut attiré plus souvent vers les problèmes philosophiques et
sociaux ; son cœur, si sensible et si bon comme celui de tous
les Lamouroux, s'ouvrit de plus en plus aux grandes infor-
tunes. Il comprit bien vite, dès qu'il l'eut entrevue, la sublime morale du christianisme ; et il revint, avec cette ardeur qu'il mettait en toutes choses, à sa divine religion.
Mais il ne se tourna plus vers le culte catholique. L'Evan-
gile fut désormais sa seule loi. Et il ne se borna pas à en
faire son unique règle de conduite. Il brûla de l'inculquer à
son tour dans l'esprit et le cœur de ses semblables, comme
pouvant seul leur assurer le vrai bonheur. De sceptique en-
durci qu'il avait été dans sa jeunesse, Lamouroux était
passé le plus fervent des croyants. De croyant, il devint
apôtre ; et cet apostolat il l'exerça jusqu'à son dernier soupir.

C'est alors qu'il prit part, d'une manière si effective à la
rédaction de l'*Almanach des bons conseils*, où, pendant plus
de vingt ans, il ne cessa de prodiguer ses lumières aux ouvriers et aux pauvres, cherchant à les instruire sur leur conduite à tenir, aussi bien dans le domaine de la science et de

l'hygiène que dans celui de la morale et de la religion. C'est dans les derniers temps de sa vie également qu'il se lia, d'une inaltérable amitié, avec MM. Edmond de Pressensé et Bersier, pasteurs de la chapelle évangélique de la rue de Provence, à Paris, les remplaçant souvent dans leurs fonctions officielles, et partageant en toutes choses leur manière de voir.

J. Lamouroux arriva au terme de sa carrière, entouré du respect de tous Il mourut, à Paris, le 17 janvier 1866, à l'âge de 74 ans.

« Lamouroux, écrivait le lendemain son intime ami le docteur Cerise, a été l'homme le plus simple, le plus vrai, le plus naturel, j'allais dire le plus naïf, que j'aie connu. Jamais et nulle part je n'ai rencontré un accord aussi parfait que celui qui existait entre ses pensées, ses paroles et ses actes. Je ne crois pas qu'il ait dit un mensonge dans sa vie. Il avait reçu la foi à la parole de paix et d'amour apportée par Jésus-Christ. Il croyait à la sainteté du devoir envers la famille, envers la patrie, envers l'humanité, envers Dieu. Il est mort en souriant à l'éternité promise. Sa figure, vingt-quatre heures après que l'âme s'était envolée, exprimait encore ce sourire [1]. »

Pour nous, à qui il a été donné de voir ce dernier sourire, qui l'avons approché à son lit de mort, et si souvent écouté à la fin de son existence, nous n'avons cru mieux faire que de reproduire ici, suprême hommage, ces lignes émues, auxquelles nous nous associons de tout notre cœur, comme étant l'expression même de nos sentiments de reconnaissance envers sa mémoire si chère et de vénération à l'égard de ses nobles vertus.

---

[1] Voir l'*Union médicale*, n° du 27 janvier 1866.

BIBLIOGRAPHIE DE JEANNIN LAMOUROUX

Jean-Pierre Lamouroux a laissé de nombreux ouvrages tant *imprimés* qu'à l'état de *manuscrits*. Ils touchent à presque toutes les branches de la science. En suivant cette première division, nous énumèrerons ici ceux qui ont trait à l'histoire naturelle, et d'abord à la botanique dans laquelle il était passé maitre, puis à la médecine, aux sciences physiques, à la littérature, à la philosophie et à la religion.

I.— IMPRIMES

1° *Exposé succinct des progrès les plus récents de la Botanique*. Paris, Trouvé (1824). In 8° de 24 pages.

Ce premier essai du docteur J. Lamouroux parut d'abord dans la 5° livraison (3° année) des *Annales Européennes de Physique végétale*.

2° *Résumé complet de Botanique*. Paris, aux bureaux de l'Encyclopédie portative et chez Bachelier, 1826 ; 2 vol. gr. in-32, ornés de planches et de vignettes.

Cet ouvrage, qui fut publié sous la direction de M. C. Bailly de Merlieux, fait partie de l'*Encyclopédie portative* ou Résumé universel des Sciences, des Lettres et des Arts. Il fut très apprécié par les savants de l'époque et valut au docteur Lamouroux de nombreux témoignages de sympathie. La plupart des feuilles spéciales et des périodiques de ce temps-là le signalent avec éloges. Citons, entre autres, le *Journal complémentaire du Dictionnaire des Sciences médicales*, tome XXIV, 98° cahier, août 1826, p. 177 ; le *Journal médical de la Gironde*, septembre 1826. p. 196 ; l'*Ami des champs*, 1827 ; le *Journal d'Agriculture de la Haute-Marne* (12 octobre 1826) ; le *Journal de Lot-et-Garonne*, des 2 août 1826 et 19 décembre 1827 ; la *Nouvelle Hygie* (juillet 1826) ; le *Figaro* du 9 juillet 1826, etc., etc.

« Monsieur le docteur J. Lamouroux, frère du célèbre naturaliste, s'est chargé, nous dit le *Journal d'Agriculture et de Botanique*
du département de la Gironde [1], de la Botanique pour l'Encyclopédie portative. Son ouvrage est tout à la fois à la hauteur de la
science et à la portée du lecteur qui commence à s'adonner à
l'étude aimable des végétaux. Dans une introduction historique,
l'auteur nous donne une analyse raisonnée et fort intéressante des
progrès de la science. Il conclut avec raison que la botanique
n'est plus aujourd'hui une sèche nomenclature, mais bien la
connaissance intime de la nature des végétaux, celle des caractères essentiels qui distinguent les espèces, celle enfin des rapports
qui constituent les genres et les familles, « notions vraiment philosophiques, qui placent la botanique dans un rang distingué
parmi les sciences dont s'occupe l'esprit humain. »

« Les *Notions préliminaires* sont claires, précises, accompagnées
de tableaux analytiques. Le tome 1er est consacré à l'*Organographie*
et à la *Taxonomie*. Il traite des organes de la plante, racine, tige,
branches, bourgeons, feuilles, pédoncules, fleur, étamines, fruits,
puis de l'organisation des végétaux imparfaits, etc.; enfin il expose les méthodes de Tournefort, de Linné et de Jussieu.

Le tome second est consacré à la *Physique végétale*. Il contient la
Physiologie et la Pathologie végétales, ainsi que la *Géographie botanique*. Il est terminé par une *Biographie des botanistes* les plus célèbres, anciens et modernes, une *Bibliographie* ou catalogue rai-
sonné des meilleurs ouvrages écrits sur la Botanique, et un
Vocabulaire des mots techniques de la Botanique. »

Le *Résumé complet de botanique*, offert par J. Lamouroux
à la Société d'Agriculture, Sciences et Arts d'Agen, valut à
son auteur, ainsi que nous l'avons dit précédemment, d'être
nommé membre non-résidant de cette académie. Voici en
quels termes flatteurs le *Journal de Lot-et-Garonne*, du mer-
credi 19 décembre 1827, rend compte de ce travail :

« ... Le secrétaire présente ensuite, au nom de M. Jeannin

[1] Janvier et février 1827.

Lamouroux, docteur-médecin à Paris, un ouvrage de sa composition, sur l'état actuel de la botanique en France, et dont il fait
hommage à la Société. Cet ouvrage favorablement accueilli du
public, ainsi que tous ceux déjà publiés par Jeannin Lamouroux,
rappelle la mémoire de son vénérable père et de son frère aîné,
dont l'un concourut à fonder la Société, et dont l'autre fut au
nombre de ses membres les plus distingués. Avec de pareils
titres d'admission, celle de M. Jeannin Lamouroux ne pouvait
être ajournée ; il est à l'instant reçu, à l'unanimité des suffrages,
en qualité de membre non-résidant. La Société se félicite de voir
encore sur ses registres un de ces noms qui lui seront toujours
chers, et qui rappellent dans les enfants le souvenir des droits
que leurs pères lui ont acquis à l'estime publique. »

Aux Archives départementales. Don de Mlle Camille Lamouroux.

3° *Précis de Phytographie ou d'Histoire naturelle des
Plantes ; contenant les caractères distinctifs et la description des familles et des genres du règne végétal, avec l'histoire, la patrie et les usages de toutes les espèces remarquables*, accompagné d'une *Iconographie des familles végétales* ou collection de 108 figures, représentant le port, les
formes et les caractères des plantes qui peuvent servir de
type pour chaque famille, avec des détails anatomiques dessinés sur pierre par Madame Sophie Lamouroux, et précé-
dée d'une explication des planches par J. P. Lamouroux. —
Paris, au bureau de l'Encyclopédie portative. In-8° 1826.

— 2° édition. Paris, au bureau de l'Encyclopédie portative, 2 volumes, gr. in-32, avec vignettes, dessinées par
S. Lamouroux ; et deux volumes, même format, de planches,
constituant l'*Iconographie*, avec *avis préliminaire* de 6 pages, et une explication des planches de 48 pages.

Le volume. donné aux Archives départementales par Mlle
C. Lamouroux, est l'édition in-8°, devenue aujourd'hui fort
rare. De plus, c'est un exemplaire unique, qui contient, à la
fin de l'Iconographie, outre les 108 planches de plantes li-

thographiées par Madame S. Lamouroux, un double de ces
planches, coloriées par elle, et qu'elle s'était réservées pour
son usage particulier et sa propre bibliothèque. Nous appe-
lons tout spécialement l'attention de nos lecteurs et des
curieux, sur la finesse, l'élégance, la richesse des tons et des
couleurs, de ces ravissantes fleurs, ainsi que sur les qualités
éminentes de la charmante aquarelliste . Elles constituent
la grande valeur de ce précieux cadeau.

Le Résumé de phytographie obtint autant de succès que le
Cours de Botanique, et, comme lui, il valut au Dr J. Lamouroux, en même temps qu'à sa belle collaboratrice, les éloges les plus flatteurs.

4° *Dissertation sur l'Embarras Gastrique*. Thèse présen-
tée et soutenue à la Faculté de médecine de Paris, le 26 mars
1818. Paris. Didot jeune, 1818.

Aux Archives départementales. Don de Mlle C Lamouroux.

5° *Notice biographique sur J -V.-F. Lamouroux*. Paris,
Imprimerie H. Fournier, 1829. In-8° de 28 pages. C'est la
préface, tirée à part, de la 2° édition du *Résumé du Cours
élémentaire de Géographie physique* par J.-V.-F. Lamouroux. Paris. Verdière. In-8°, 1829, avec un joli portrait du
célèbre naturaliste par Madame S. Lamouroux.

Aux Archives départementales. Don de Mlle C. Lamouroux
et de M. Ph. Lauzun.

6° *Divers articles de Science médicale,* parus dans plusieurs journaux de l'époque, notamment dans la *Nouvelle
Hygie*, ou journal de médecine, d'économie domestique et
rurale (Paris, 1826 et 1827); où Lamouroux publia une étude
sur la *Pluralité des facultés mentales et des organes qui y
président.*

Aux Archives départementales. Don de Mlle C. Lamouroux.

7° *Autres articles d'hygiène et de médecine,* parus dans
l'*Almanach des Bons Conseils*, de 1835 à 1860, avec vignet-

tes. L'auteur y traite : de l'hygiène de la première enfance,
de la respiration, circulation, digestion, secrétion, bains,
locomotion, muscles, facultés mentales, sommeil, savoir
être malade, tempérament, constitution, travail, olfaction,
vision, gustature, audition, tact, etc. Son but est de vul-
gariser la science, de mettre la médecine à la portée de tout
le monde, de rendre le plus possible de services à la classe
pauvre et ouvrière. Lamouroux fut l'âme de ce petit recueil, qui dut à ses lumières et à son ardente philantropie
de pouvoir exister plus de trente années.

Réunis en volume. Aux Archives départementales. Don de
Mlle C. Lamouroux.

8° Lamouroux publia également dans ce même recueil de
nombreuses *Poësies philosophiques, religieuses, scientifiques*
et de très curieuses *Maximes*, où il ouvrait son cœur, trop
plein de sentiments généreux, le tout à l'adresse du monde
ouvrier, pauvre, déshérité (1849-1862).

Citons, au hasard des pages, la pièce de vers suivante :

LE SEUL MAITRE LÉGITIME (1849)

Il a beau le nier, l'empêcher de paraître,
Ou sublime, ou honteux, l'homme a toujours un maître ;
C'est l'orgueil... c'est la gloire .. ou le pouvoir du jour ;
C'est l'or... c'est pis encor ! — Ce n'est jamais l'amour !
L'amour ! et quel amour ? — L'amour qui toujours donne,
Qui jamais ne s'offense, et qui toujours pardonne,
L'amour, qui toujours aime enfin, l'amour du ciel.
Cet amour qui brulait au cœur d'Emmanuel,
Lorsque pour ses bourreaux il implorait le Père !
Cet amour, on le voit, ne vient pas de la terre.

. . . .

Maître au cœur humble et tendre, au joug léger et doux !
Source d'un tel amour ! viens seul régner sur nous ! [1]

---

[1] Almanach des Bons Conseils, 1849.

Il n'est pas un numéro de l'*Almanach des Bons Conseils*, de 1848 à 1864, qui ne contienne ou une maxime religieuse, ou une sentence de morale, ou souvent même une jolie pièce de vers, dialogue, satire ou épigramme, toujours imbu d'idées philosophiques, du docteur J. Lamouroux. S'il avait eu l'occasion de le consulter plus souvent, notre savant compatriote et ami, M. Ph. Tamizey de Larroque, n'aurait pas montré un si complet étonnement de voir « notre docteur-botaniste se partager entre Esculape, Flore et Apollon ! » Nous devons cependant à sa surprise, (Que ne devons-nous pas à ses laborieuses recherches, à sa science toujours si bienveillante, à ses infatigables investigations ?) la citation qu'il nous donne [1], dans le *Parnasse médical français ou Dictionnaire des médecins-poëtes de la France, anciens ou modernes, morts ou vivants*, (Paris, Adrien Delahaye, 1874, petit in-8° de xxiv-552 pages), de ce portrait très-exact du Dr J. Lamouroux :

« Lamouroux, Jean-Pierre. Docteur en médecine (1818), né à Agen, le 12 février 1792, mort à Paris, le 17 janvier 1866. Cet homme excellent, ce type de l'honnêteté, et qui peut-être de sa vie n'a pas eu à se reprocher le plus petit mensonge, ce praticien modèle, que la foi, une foi sainte et immuable avait saisi en entendant les paroles de paix et d'amour du Sauveur, s'était, dans ses moments de repos, créé une distraction favorite ; il composait des poésies et des maximes religieuses. L'Almanach des Bons Conseils, dirigé alors par M. Cabanis, contient, entre les années 1858 et 1864, une foule de ces petites pièces, destinées à consoler la pauvre humanité de ses misères et à lui assurer une éternité de joies et de félicités. On a aussi de Lamouroux plusieurs cantiques adoptés par l'Eglise évangélique, dont il était un des apôtres les plus fervents. »

_____

[1] Revue de l'Agenais. Tome xvii, p. 180. — Idem. *Bibliographie générale de l'Agenais*, par J. Andrieu. Tome iii. Supplément, p. 115.

Comme pour les articles d'hygiène, ces poésies fugitives ont été groupées en un cahier par les soins pieux de sa femme et de ses filles.

Ce cahier vient d'être donné aux Archives départementales de Lot-et-Garonne par Mlle C. Lamouroux.

II. — MANUSCRITS

I. BOTANIQUE

1° *Cours élémentaire de Botanique.* Volumineux manuscrit in-4°, comprenant sept cahiers, non brochés ; où l'auteur a rédigé son Introduction et ses principaux chapitres, comprenant le Plan de son cours, la physiologie végétale, l'organographie, la terminologie, l'anatomie végétale, la taxonomie, la botanique appliquée à la médecine, l'iconographie ; le tout accompagné de tableaux synoptiques et analytiques et de notes diverses.

L'Introduction et le Plan du cours furent lus à la Société de botanique de Paris, dans sa séance du 7 novembre 1822. Ce sont les premières données du *Résumé complet de Botanique* qu'écrivit et que publia plus tard J. Lamouroux.

Aux Archives départementales. Don de Mlle C. Lamouroux.

2° *Tableau synoptique des Termes les plus usités en Botanique.* Cahier in-4° cartonné vert, comprenant une Introduction de cinq pages ; où l'auteur cherche à faire connaître les rapports qui lient la botanique aux autres parties de l'histoire naturelle, et où il explique les quinze tableaux qui suivent. Ces tableaux, très-clairs, sont dressés avec beaucoup de soin. Huit planches fort jolies, représentant quelques spécimens des principales familles de plantes, dessinées et coloriées par Mme Sophie Lamouroux, viennent ajouter encore de la valeur à cet intéressant manuscrit.

Aux Archives départementales. Même don.

3° *Eléments de Botanique* (1807). Cahier gris, petit in-4°

de 41 pages ; où l'auteur résume les principes généraux de cette branche de l'histoire naturelle.

Aux Archives départementales. Même don.

4° *Autre résumé de Botanique*. Cahier gris, oblong, de 42 pages. Notions générales.

Aux Archives départementales. Même don.

5° *Lettres sur la Botanique*. Cahier in-4° de 16 pages, renfermant trois longues lettres, datées des 4, 15 et 19 juin 1821, adressées par le Dr J. Lamouroux, à celle qui, un an après, devait être sa femme, Mlle Sophie Paganel et qui lui demandait de lui donner des leçons de botanique. L'auteur y expose, d'une façon fort élégante, sa méthode pour arriver à apprendre le plus rapidement cette science. Il cherche à la rendre accessible à celle qu'il aime, et lui fait ressortir tous les avantages et tous les charmes qu'elle possède. Suit un excellent tableau où Lamouroux donne, en deux colonnes, la description d'une plante, la *giroflée violier*, dans l'une, en termes vulgaires, dans l'autre, en termes scientifiques.

Aux Archives départementales. Même don.

6° *Catalogue des plantes médicinales, suivant la méthode naturelle de Jussieu*. Cahier blanc, petit in-4°, de 26 pages. Inachevé.

Aux Archives départementales. Même don.

7° *Catalogue méthodique des plantes décrites dans la Flore médicale*, auxquelles on en a ajouté quelques autres. Cahier bleu, in-4°, de 23 pages.

Aux Archives départementales. Même don.

8 *Espèces de la Flore Agenaise qui ne se trouvent pas aux environs de Paris*. Cahier blanc, in 4°, de 6 pages.

Aux Archives départementales. Même don.

9° *Catalogue des plantes figurées que contient mon herbier*. Cahier blanc, in-4°, de 10 pages.

Aux Archives départementales. Même don.

10° *Rapport sur trois mémoires de Monsieur Gaillon de Dieppe, traitant des plantes marines, lu à la Société linéenne de Paris*. Cahier blanc, in-4°, de 7 pages.

Aux Archives départementales. Même don.

11° *Notes diverses sur les Tissus élémentaires des plantes, un tableau du système sexuel de Linné, etc.*

Aux Archives départementales. Même don.

Mademoiselle C. Lamouroux a fait don également aux Archives départementales de Lot-et-Garonne de plusieurs *Herbiers*, réunis tant par son père que par son oncle, le savant naturaliste. Ce sont :

1° *Fucus et plantes marines*. Cartons blancs ficelés. Belle et nombreuse collection renfermant les échantillons les plus rares.

2° *Mousses hépatiques, fougères et lycopodes*. Nombreux échantillons, collés sur les feuilles d'un cahier vert, in-f°. Manquent, vers le milieu, de nombreuses feuilles enlevées.

3° *Plantes diverses et rares*, collées sur les feuilles d'un petit album vert, in-4°. Souvenirs de voyages en Savoie, en Italie, sur les bords du lac de Come, à Rome, à Tivoli, à Albano, au Vésuve, etc. (1849).

4° *Autre collection, non reliée, de mousses, fougères, lichens, fucus, plantes marines, etc.* Souvenirs d'un voyage à Trouville (1863), Etretat (1864), et sur les bords de la Manche.

5° *Stirpes Cryptogamæ Vogeso-Rhenanæ*, réunis par MM. Mougeot et Nestler. Fascicule I et fascicule VI. 2 vol, in-4°,

(1810), offerts par les auteurs à Monsieur Lamouroux, professeur d'histoire naturelle à Caen.

Belle collection de fougères, graminées, lycopodes, lichens, mousses, etc. Le 1er fascicule contient cent échantillons, de un à cent ; le 6e, cent autres, de 500 à 600. Noms et légende de chaque page, imprimés au bas. Cet herbier des Vosges, qui provient de la collection de J.-V.-F. Lamouroux, est malheureusement incomplet.

Le tout, aux Archives départementales ; don de Mlle C. Lamouroux.

II. SCIENCES DIVERSES.

1° *Introduction à l'étude des connaissances humaines.* Cahier bleu, in-4°, de 42 pages, avec plusieurs tableaux synoptiques et une introduction à l'étude de la botanique.

Aux Archives départementales. Même don.

2° *Introduction à l'étude des Sciences.* Cahier vert, in-4°, de 69 pages, avec cinq tableaux synoptiques. Dédié à Mademoiselle Sophie Paganel. 1819-1820.

Aux Archives départementales. Même don.

3° *Notes sur l'étude des Sciences naturelles,* 1823. Cahier blanc, petit in-4°, de 29 pages.

Aux Archives départementales. Même don.

4° *Note sur l'organisation du corps médical et ses rapports avec la société.* 10 pages.

Aux Archives départementales. Même don.

5° *Rapport sur un mémoire de chimie de M. Collard de Martigny.* Lu à l'Athénée de médecine, en octobre 1826. Manuscrit brouillon, de 7 pages.

Aux Archives départementales. Même don.

6° Divers cahiers sur la *physiologie,* la *myologie, l'osteologie, l'angeiologie,* la *chimie,* la *médecine légale, l'hygiène,*

etc. Notes de cours, résumés, réflexions et études personnelles.

Aux Archives départementales. Même don.

III. LITTÉRATURE.

Ainsi qu'on l'a vu dans la nomenclature de ses imprimés,
J. Lamouroux ne dédaignait pas, aux trop rares moments de
loisir que lui laissaient ses occupations médicales, de cultiver
les Muses et de composer de jolies poésies, presque toutes
philosophiques, teintées d'une forte dose de morale et de
philantropie. Les manuscrits si nombreux, que sa fille vient
de donner aux Archives, renferment :

1° *Un cahier de petites pièces de poésie, faites dans sa
jeunesse.* Cahier jaune, petit in-8°, émaillé de jolies *romances*
dans le goût de l'époque, une profession de foi, le *Doute*,
(1818), la *politique*, le *réveil*, une *fable*, l'*échelle et le pas-
sant*, une épître, tirée d'une maxime d'Hippocrate, etc., etc.

Aux Archives départementales. Même don.

2° *Quatre autres recueils de poésies diverses*, composées,
imitées, ou simplement traduites par J. Lamouroux. Cahiers blancs, petits in-18 ; renfermant l'un des *chansons*,
l'autre des *romances et couplets*, le 3° *d'autres chansons
avec de la musique chiffrée*, le 4° des *poésies diverses*, voire
même quelques chansons en langue gasconne.

Dans le nombre, il s'en trouve quelques-unes de fort gra-
cieuses et d'un esprit tout à fait original, que nous n'hésitons
pas à attribuer en propre à J. Lamouroux.

Aux Archives départementales. Même don.

3° *Traduction de quelques odes d'Horace et de la 2° guerre
punique de Tite-Live.* Cahier blanc, petit in-4°, œuvre de
jeunesse, sans valeur.

Aux Archives départementales. Même don.

4° *Vie d'Agricola de Tacite*, Traduction. Idem, de *l'Art poétique d'Horace*. Cahier blanc. in-4°.

Aux Archives départementales. Même don.

5° *Essai sur la Sténolexie*, ou procédé particulier de lecture, avec un *aperçu sur les éléments de la prononciation des langues et principalement de la langue française*, (1822). Cahier de 22 pages, in-4°.

Aux Archives départementales. Même don.

6° *Narration des journées de juin 1848.* Article destiné au Journal *l'Opinion Publique* et inséré dans les numéros des 12, 13 et 27 juillet. Détails curieux

Aux Archives départementales. Même don.

4. RELIGION ET PHILOSOPHIE

Dans la seconde moitié de son existence, J. Lamouroux se livra avec ardeur à l'étude de la philosophie. Il écrivit de nombreux fragments, dont beaucoup parurent dans *l'Almanach des Bons Conseils*, et autres périodiques de morale et de religion. Les manuscrits qu'il a laissés sur ce sujet sont fort variés. Nous citerons :

1° *Fragments philosophiques et religieux* (1829-1850), sur le *bonheur*, le *Dieu des chrétiens*, les *vérités chrétiennes*, le *savant et le pauvre d'esprit* (1832); *lettre à M° X. déiste utilitaire* (1834); *réflexions et lettres sur le christianisme, sur le dogme*; les *trois états religieux*, curieux dialogue entre : 1° le disciple orgueilleux de la sagesse mondaine ; 2° l'esclave sincère de la religion purement humaine : 3° l'heureux et humble disciple de Jésus-Christ ; *théorie du vrai bonheur ; histoire d'une conversion au moment de la mort ; le bon chemin ; nombreux essais de philosophie et de religion*; etc., etc. Cahiers, petits in-8°.

Aux Archives départementales. Don de Mademoiselle C. Lamouroux.

2° *Un homme de bien*. Réflexions philosophiques entre trois personnages : l'un déiste; l'autre sceptique; le troisième chrétien. Cahier jaune, petit in-4° de 45 pages (1852).

3° *Liste des traités religieux*, ou articles de morale et de religion, parus dans l'*Almanach des Bons Conseils*.

4° *Notes, sentences, essais philosophiques*.

5° *Phrénologie et métaphysique. Notes diverses*.

6° *Rapport lu, en juin 1845, au Bureau de bienfaisance*. Brouillon.

7° *Notes et réflexions sur la nouvelle traduction du Livre de Job*, par Ernest Renan, et un article que lui consacre Prévost-Paradol dans le *Journal des Débats* du 17 décembre 1858.

8° *Fragment sur l'utilité de la Société Evangélique*. Cahier de 7 pages, in-4°.

Le tout aux Archives départementales. Don de Mademoiselle C. Lamouroux.

SOPHIE LAMOUROUX.

néc l'AGANEL.

(d'après le portrait de DAVID)

Sophie Lamouroux, née Paganel
(d'après le portrait de David)

V.

SOPHIE LAMOUROUX

NÉE PAGANEL (1802-1889)

———

L'existence de Sophie Lamouroux s'est trouvée tellement liée à celle de son mari, elle a été, dans la plupart des travaux qu'il a publiés, sa collaboratrice si précieuse et souvent si bien inspirée, les dessins dont elle a enrichi ses œuvres, ainsi que quelques-unes de celles de son beau-frère, J.-V.-F. Lamouroux, sont demeurés tellement artistiques et vrais en même temps, que nous ne saurions passer ici sous silence cette femme d'élite, et, en indiquant quelles sont celles de ses productions qui viennent d'être données à nos Archives départementales, rendre à sa mémoire, douce et chère entre toutes, le juste et légitime hommage que nous dicte notre reconnaissance comme notre profonde affection.

Née le 21 mars 1802, Sophie Lamouroux était la fille de Pierre Paganel, député de Lot-et-Garonne à la Convention Nationale, et plus anciennement membre fondateur de la Société d'Agriculture, Sciences et Arts d'Agen. D'une remarquable beauté dès ses plus jeunes ans, elle devint une élève de David, grand ami de son père, lequel lui demanda plus d'une fois de poser devant lui. Lorsque, en 1816, Pierre Paganel dut prendre le chemin de l'exil, il pria l'illustre peintre de vouloir bien lui faire le portrait de sa fille. David le crayonna aussitôt de bonne grâce, et il l'envoya, comme dernier souvenir, à son ancien collègue de la grande Assemblée. Malgré la difficulté de la tâche, Sophie Paganel n'hésitait pas, aussitôt après, à reproduire elle-même son admirable portrait ; et elle le faisait avec tant d'art et de perfection, qu'il est impossible aujourd'hui de discerner quel est des deux l'original.

Un de ces portraits fut donné par Paganel à son autre collègue Boussion, député, comme lui, du département de Lot-et-Garonne. Gardé par lui d'abord, puis par ses descendants avec un soin jaloux, il a été, ces derniers temps et sur leur demande, restitué par la famille de l'ancien député de Lauzun aux filles de Sophie Lamouroux. Il est actuellement en la possession de Mademoiselle Camille Lamouroux. L'autre portrait, l'original sans doute, est resté de tous temps dans la famille, et se trouve aujourd'hui entre nos mains. Nous en reproduisons ci-contre l'héliogravure.

Dans cette remarquable œuvre d'art, Sophie Paganel est représentée en buste, la taille étroitement enserrée dans un corsage échancré de velours noir, aux manches de soie bouffantes, et les bras nus. Le visage est de face, adorablement joli. Les cheveux, d'un noir d'ébène, séparés sur le front, retombent en mèches frisées, assez courtes, sur les oreilles et sur le cou. Cet ovale, si précieux pour nous, mesure vingt-six centimètres de hauteur sur vingt-deux de large.

Sophie Paganel, épousa, nous l'avons vu, le 18 avril 1822, Jeannin Lamouroux, qu'avaient séduit sa remarquable intelligence et sa merveilleuse beauté. Il en eut trois filles, Mina, Camille et Maria, qui, ainsi qu'il l'écrit lui-même à Saint-Amans, « constituèrent les trois Grâces de sa famille. »

C'est l'époque où la jeune épouse, vivant très-modestement à Paris, voulut collaborer aux œuvres de son mari ainsi qu'à celles de son beau-frère, et, par son rare talent de dessinateur et d'aquarelliste, orna, en les lithographiant elle-même, de planches si fines et si délicates, les pages du Précis de Phytographie d'abord, ensuite de la nouvelle édition des Œuvres de Buffon.

Plus tard, lorsque Camille Paganel, son frère, eut été élu, sous le gouvernement de Juillet, député de Lot-et-Garonne pour l'arrondissement de Villeneuve, et qu'il fut devenu successivement maître des requêtes, puis secrétaire-général du ministère de l'Agriculture et du Commerce, enfin conseiller d'Etat et directeur de l'Agriculture et des Haras, Madame Lamouroux tint à Paris un salon des plus recherchés, où les hommes politiques du moment coudoyaient les savants les plus illustres. Sa conversation, son esprit, sa grâce étaient universellement appréciés ; et, si elle ne joua point de rôle transcendant dans la direction des affaires publiques ni dans la production littéraire si vivace de son temps, elle n'en demeura pas moins, par ses talents artistiques comme par ses appréciations saines, toujours empreintes de la plus exquise courtoisie, et qui souvent firent loi, une des figures les plus marquantes de cette époque, où dominait en toutes choses le goût du beau.

A une telle école, ses filles ne pouvaient que voir se développer les qualités sérieuses dont la nature les avait douées ; et c'est, parées de tous les charmes de l'esprit et du cœur, qu'elles sont demeurées, jusqu'à nos jours, des femmes d'une valeur intellectuelle incontestablement supérieure.

Sophie Lamouroux est morte à Paris, le 17 février 1889, à l'âge de quatre-vingt-sept ans. Elle a laissé :

1° *Cent huit planches* des principaux spécimens des diverses familles de plantes, décrites par son mari dans l'*Iconographie des familles végétales*, pour faire suivre à son Précis de Phytographie Très-scrupuleusement dessinées et reproduites par elle, elles ont été, également par elle, lithographiées. Paris, au bureau de l'Encyclopédie portative, 1828, un vol. in-8°.

Idem, 2e édition, 2 vol. grand in-12.

Nous avons déjà dit que l'exemplaire de cet ouvrage, donné aux Archives départementales de Lot-et-Garonne par Mlle C. Lamouroux, est unique, puisqu'en dehors des planches ordinaires lithographiées, il contient en face de chacune d'elles le double de ces planches coloriées en aquarelle par leur auteur. Les teintes en sont d'une délicatesse infinie.

2° *Cent quarante-six planches des principaux spécimens d'animaux, mammifères, oiseaux, cétacés, poissons, etc.,* dessinées d'abord, puis lithographiées par l'auteur, pour orner l'édition des *Œuvres de Buffon* (Verdière).

Un vol. in-8° vert, que terminent les 108 planches de plantes indiquées précédemment.

Aux Archives départementales. Don de Mlle C. Lamouroux.

3° *Album in-4° de quarante-huit planches,* en triple exemplaire, dont un colorié en aquarelle, des *Oiseaux de Buffon,* dessinés, lithographiés et peints par Madame S. Lamouroux.

Aux Archives départementales. Don de Mademoiselle C. Lamouroux.

OUVRAGES DIVERS

DONNÉS

AUX ARCHIVES DÉPARTEMENTALES DE LOT-ET-GARONNE

———

Dans la donation faite par Mademoiselle C. Lamouroux aux Archives départementales de Lot-et-Garonne se trouvent quelques *Imprimés* et *Manuscrits*, écrits par des savants autres que ceux des membres de la famille Lamouroux, dont nous venons d'esquisser les biographies et d'énumérer les productions scientifiques et littéraires. Ces ouvrages leur avaient été ou donnés ou confiés. Il est naturel par suite que, faisant partie de leurs collections, ils aient ici leur place à coté d'elles. C'est ce qui a déterminé la généreuse bienfaitrice à ne pas les séparer des travaux de ses ancêtres.

Nous citerons dans cette catégorie, comme faisant partie de sa donation.

1° *Coup d'œil sur le département de Lot-et-Garonne*, ou rapide aperçu de l'état de son agriculture, de sa population et de son industrie en 1828, par M. de Saint-Amans. Agen, imp. Pr. Noubel, 1828. In-18 de 84 pages.

Aux Archives départementales. Don de Mademoiselle C. Lamouroux.

2° *Nosologie végétale : Mémoire sur une maladie de l'orme commun,* ULMUS CAMPESTRIS, *et analogue à celle qui détruit cette espèce d'arbre à Camberwell-Grove.* Manuscrit in-folio de 13 pages, par M. de Saint-Amans, avec une lettre de l'auteur au Dr J. Lamouroux, du 15 janvier 1828.

Serait-ce le Mémoire publié par le Journal d'histoire naturelle de Bertholon, numéros 5 et 6, et reproduit plus complet dans le Recueil de la Société médicale d'émulation de
Bordeaux, juillet 1806, et dans le Bulletin de la Société
d'Agriculture d'Auch ? (J. Andrieu. *Bibliographie Générale
de l'Agenais*, tome ii, page 267.)

Aux Archives départementales. Don de Mademoiselle
C. Lamouroux.

3e *Coup d'œil sur l'état politique de l'Europe en 1819*.
(Paris, Brissot-Thivars, 1819, anonyme, in-8º de 101 pages),
suivi d'un travail : *De l'Espagne et de la Liberté*. (Paris,
Brissot-Thivars, 1820, in-8º de 38 pages), par *Camille Paganel*.

Né en 1797 et frère de Sophie Lamouroux, Camille Paganel fut d'abord volontaire en 1815. Puis, avocat à la Cour
d'Appel de Paris en 1816, il devint successivement juge suppléant au Tribunal de la Seine en 1830, maître des requêtes
en 1832, député du Lot-et-Garonne pour l'arrondissement de
Villeneuve de 1834 à 1848, secrétaire général du ministère
de l'Agriculture et du Commerce, enfin conseiller d'Etat et
directeur de l'Agriculture et des Haras. Il mourut à Paris le
17 décembre 1859. Il est l'auteur de nombreux travaux politiques et littéraires [1].

4º *Histoire romaine de L. Annœus Florus*. Traduction par
le même. Volumineux manuscrit non broché, in-folio, contenant l'*Introduction*. où l'auteur rend compte de son voyage
à Rome en 1853, la traduction du livre IV, avec le texte latin en regard, et de nombreuses notes à l'appui.

Aux Archives départementales. Don de Mademoiselle
C. Lamouroux.

---

[1] Voir *Bibliographie Générale de l'Agenais*, tome ii, page 173, par
M. Jules Andrieu.

5° *Caton d'Utique*, tragédie en trois actes et en vers. Manuscrit in-folio; cahier de 60 pages. Sans nom d'auteur. Copie en double.

Ce manuscrit doit être attribué, croyons-nous, à Pierre Paganel, qui, outre ses écrits politiques, laissa de nombreuses poésies, dont plusieurs tragédies, tirées des scènes de l'antiquité [1].

6° *L'Azoriade ou le triomphe d'Azor*, poème héroï-comique en quatre chants et 797 vers. Manuscrit petit in-4°, de 38 pages, sans nom d'auteur.

Conte leste, dans le goût des productions licencieuses du XVIII° siècle.

7° *Recueil de plantes Cryptogames de l'Agenais, omises dans la Flore agenaise, décrites et dessinées* par M. L. de Brondeau. Agen, imp. P. Noubel, 3 fascicules in 8°, suivis de planches. 1828.

Tiré d'un supplément à la Cryptogamie de la Flore agenaise. Les planches, dessinées par Louis de Brondeau, ont été reproduites sur pierre par Madame Sophie Lamouroux [2].

8° *Mémoire sur l'organisation intérieure et extérieure des Tubercules du Solanum tuberosum et de l'Helianthus tuberosus, considérés comme une véritable tige souterraine, et sur un cas particulier de l'une de ces tiges*, par P. J. F. Turpin, 5 planches.

Extrait des mémoires du Museum d'histoire naturelle, 1828. Offert par l'auteur à M. le Dr J. Lamouroux.

Aux Archives départementales. Don de Mademoiselle C. Lamouroux.

9° *Trois en tête* avec de très-jolies vignettes coloriées,

---

[1] Voir *Bibliographie générale de l'Agenais*, tome II, page 172, par M. Jules Andrieu.
[2] Idem, tome I, page 122.

des divers chapitres du registre d'inscription pour la Garde nationale du canton d'Agen. Sections de l'hôtel-commun et de l'hôpital Saint-Jacques.

Aux Archives départementales. Don de Mademoiselle C. Lamouroux.